壁を壊した男

1993年の小沢一郎

城本 勝

小学館

壁を壊した男

１９９３年の小沢一郎

目次

冬の陣

自民党
守旧派
激突
梶山静六幹事長
経世会
竹下派
小渕派
協力
宮澤喜一総理
社会党
村山富市国対委員長
YKK+N
山崎拓
加藤紘一
小泉純一郎
中村喜四郎

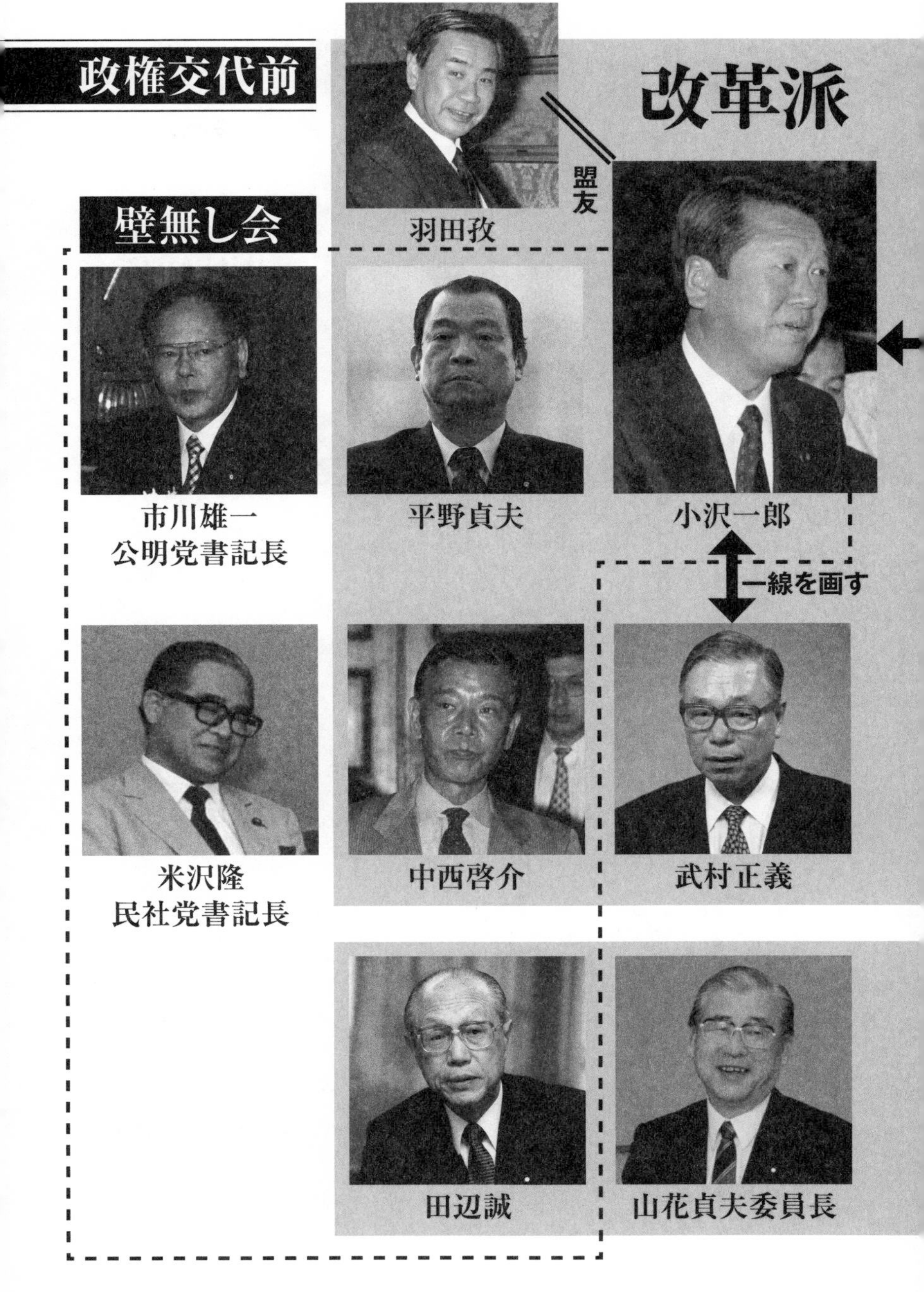
政権交代前
改革派
盟友
壁無し会
羽田孜
市川雄一
公明党書記長
平野貞夫
小沢一郎
一線を画す
米沢隆
民社党書記長
中西啓介
武村正義
田辺誠
山花貞夫委員長

政権交代後
対立
武村正義
新党さきがけ代表
連携
細川護熙総理
日本新党代表
反小沢
社会党
村山富市委員長
参院議員
連携
守旧派
自民党
森喜朗幹事長
野中広務
YKK+N
山崎拓
加藤紘一
小泉純一郎
中村喜四郎

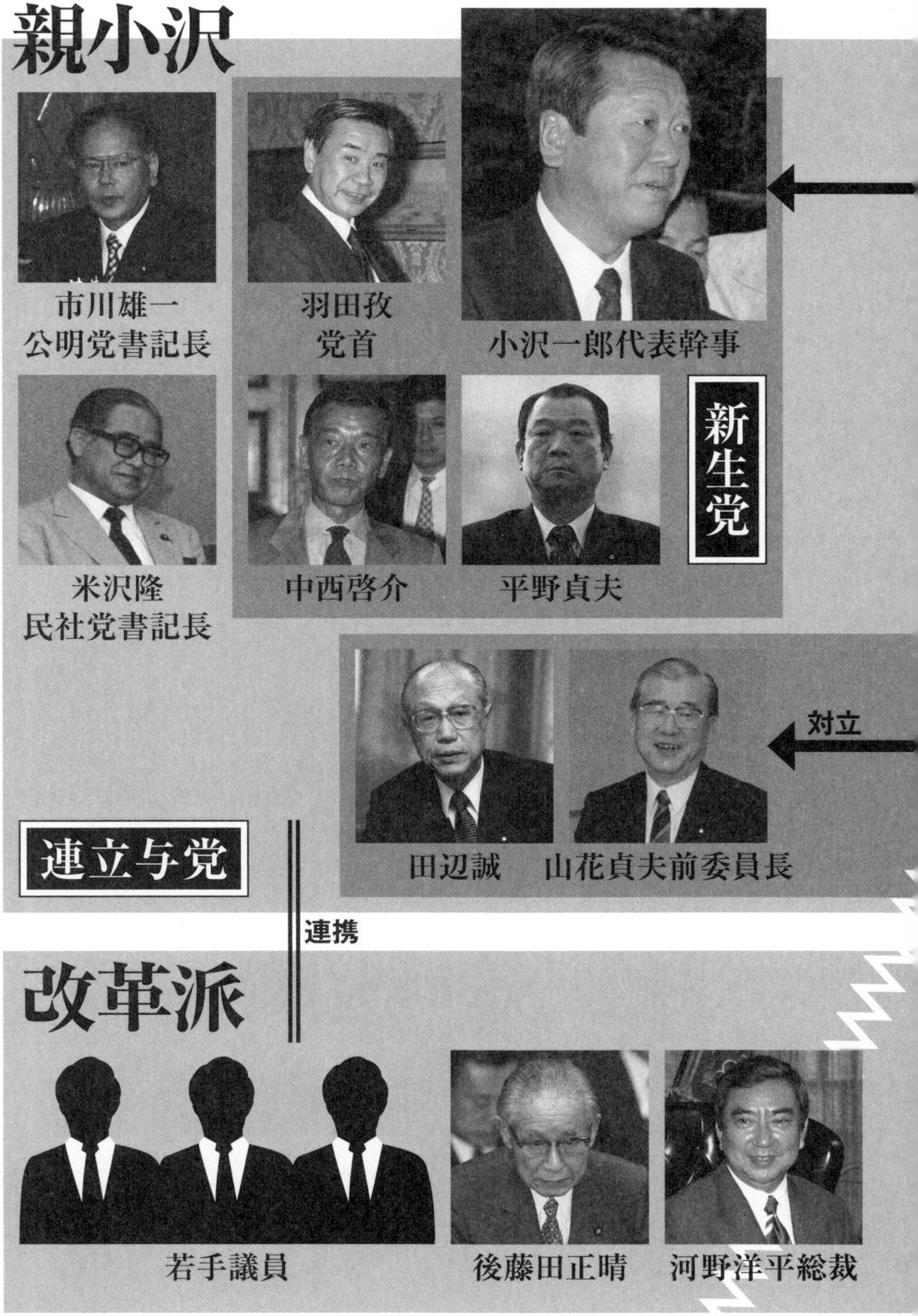
親小沢
市川雄一
公明党書記長
羽田孜
党首
小沢一郎代表幹事
米沢隆
民社党書記長
中西啓介
平野貞夫
新生党
対立
田辺誠
山花貞夫前委員長
連立与党
連携
改革派
若手議員
後藤田正晴
河野洋平総裁

装丁・本文デザイン　前橋隆道
進藤　航
カバー写真　東京新聞
本文写真　時事通信社、筆者撮影

プロローグ

二十一世紀に新たな「分断と動揺」が広がっている。

二〇一九年末に中国・武漢から始まった新型コロナウイルスによるパンデミックは、世界中に恐怖と混乱を伝播《でんぱ》させ、各国の政治体制を揺さぶった。日本の首相として史上最長の在任期間を誇った安倍晋三は、行動制限と経済活動のバランスで迷走した挙げ句、コロナ禍が始まって一年も経たないうちに、あっけなく退陣した。

二〇二二年二月には、ロシア大統領のウラジーミル・プーチンがウクライナ侵攻を開始し、核兵器の使用までちらつかせて冷戦後に培われた「自由と協調」に基づく国際秩序を破壊した。国家主席・習近平《シーチンピン》の独裁体制を強化する中国も膨張主義を隠さず、日本周辺でも緊張が高まっている。

パンデミックと戦争という二つの危機が連鎖するなかで、アメリカをはじめドイツ、イタリアなど多くの国々で選挙による政権交代が起きた。極右勢力が台頭した国も少なくない。強権的な独裁体制を強めるロシアや中国に対して、自由と民主主義を信奉する側も苦闘している。

しかし、日本政治の動きは鈍い。十年以上続く自民党と公明党の連立政権は変わらない。分断された野党勢力には政権を脅かすような勢いが見られない。政界全体が、まるで変化を恐れて身をすくめているように見える。世界秩序が変動するなか、果たして日本はこの危機を乗り越えていくことができるのだろうか。

かつて冷戦が終結して世界が新たな秩序を模索し始めた頃、崩れかけた「ベルリンの壁」の前に立ち、長年の歪みが噴出していた日本政治を抜本的に変えることを決意した一人の男がいた。自民党内の激しい権力闘争の末に、一九九三年、五五年体制後初の政権交代を実現させた政治家・小沢一郎である。

戦後政治史でも例を見ないとされるその激烈な闘いへと小沢を突き動かしたものは何だったのか。そして、この時小沢が成し遂げた政権交代と選挙制度改革は、その後の日本政治にどんな意味をもたらしているのか。

私は、一九九三年の小沢の闘いを、改めて辿ってみたくなった。世界が再び大きな転換点に立っているいま、日本政治の行方を考えるうえで、一つのヒントになるかもしれないと思ったからだ。そして、それは政治記者として三十年以上、小沢を追い続けてきた私にとって、どうしても解決しなければならない問いでもある。

その答えを探る私の旅は時を遡り、冷戦が終わる頃、一九九〇年のベルリンから始まる。


七月のベルリンは空気が乾燥している。気温も二十五度前後までしか上がらず過ごしやすい。肌を刺す陽射しもむしろ心地よいほどだ。その日、小沢は、統一直前の旧西ドイツ・ベルリンの東側との境界付近にいた。スパイ小説で有名になった検問所「チェックポイント・チャーリー」の跡地に立つと、通りの両側にコンクリートが大きく削られて鉄筋がむき出しになった「ベルリンの壁」が見える。

冷戦の象徴と言われたその頑丈な壁は、前年の十一月、市民の手によってハンマーやドリルで破壊された。コンクリートの表面がボロボロに崩れた無残な残骸《ざんがい》が所々残されている。その周囲には、絵葉書や検問所の模型といった土産物の露店が並び、なかには旧東ドイツ軍の帽子やブーツを売っている店もある。様々な肌の色をした観光客の姿も目立つ。昼下がりの陽射しに目を細め、じっと壁を見つめていた小沢は独り言のように言った。

「歴史を動かす力は凄いな。僕らが想像もできないことが起きるんだからな」

同行していた記者の一人が問いかけた。

「ベルリンの壁が壊れたくらいですから、日本の『五五年体制』も壊れるんじゃないですか」

冷戦構造を反映した自民・社会両党の結成の年、一九五五年にちなんで日本の政治体制は「五五年体制」と呼ばれていた。もっともそれは、その後自民党単独の長期政権が続く体制の呼び名に変わった。

元号が昭和から平成に改まった一年前、自民党はリクルート事件で竹下登政権が退陣し、続く宇野宗佑政権も土井たか子率いる社会党に参院選で惨敗していた。初めて参院過半数を失う「ねじれ国会」になっていた。だが、それでも、政権交代などは到底起きないだろうと思われていた。その記者も軽い気持ちで聞いたのだろう。

しかし、小沢は、至って真剣な口調で答えた。

「そうだ。冷戦が終わったんだから、世界は大きく変わる。何十年も続いた秩序が壊れるんだ。動乱が起きてもおかしくない。外交も安全保障もアメリカにおんぶに抱っこで面倒なことを考えなくてよかった時代は終わるんだよ。自民党と社会党の馴れ合いではやっていけない。やっぱり万年与党と万年野党の壁を壊すしかないかもしれんな……」

当時、自民党は、最大派閥・竹下派の実力者だった小沢を党幹事長に起用していた。小沢は、党運営だけでなく国会での野党との折衝でも、妥協や調整より原理・原則を盾に中央突破を図る手法で、ねじれ国会を乗り切っていた。

その強引とも言える姿勢には「独断専行」「傲慢《ごうまん》」といった批判や反発も出ていた。だが一九九〇年二月の総選挙では逆風を跳ね返して自民党を大勝に導き「剛腕幹事長」と呼ばれるようになっていた。

態勢を立て直した小沢が次の目標としたのが、小選挙区制の導入を柱とする政治改革の実現だった。選挙区は、国会議員が長年をかけて膨大なカネとエネルギーを注ぎ込む生命線だ。まして、戦前から続く一つの選挙区から複数議員が選ばれる中選挙区制を、一人が選ばれる小選挙区制に変更することは選挙の前提条件を変えることになる。自民党が有利になるだけだと野党は反発し、自民党内の議論も紛糾し始めていた。

そうしたなかで小沢は、この夏、野党幹部に欧州の選挙制度や議会制度調査のための視察を呼び掛けた。合同で英独仏の三か国の選挙制度を勉強しようというのだ。海外での選挙の実情を知れば、与野党の枠を超えて建設的な議論ができるかもしれないという読みだった。

「小沢の露骨な野党懐柔策だ」との批判も出たが、社会党副委員長・田辺誠、公明党書記長・市川雄一、民社党書記長・米沢隆が同行した。さらに補佐役の自民党副幹事長・中西啓介や、小沢の知恵袋と言われ、当時は衆議院事務局にいた平野貞夫も随行した。帰国後、「壁無し会」と称して度々会合を開き、その後の政界再編に向けて原動力となったメンバーである。

私は同行記者団の一人に加わっていた。小沢番記者になって一年余り。三十二歳で、政治記者としてはまだ駆け出しの部類だった私は、とにかく小沢に食い下がるしかないと覚悟を決めていた。剛腕幹事長との評価を受ける一方で、「強引」「傲慢」とも言われた小沢だ。はじめの頃は、近づき難いというより、正直、話しかけるのも怖かった。だが、正面からぶつかる以外に有効な方法も思いつかない。早朝から深夜まで、ひたすら追いかけまわし、機会を見て短い質問をぶつける。まともに答えることなどほとんどない。無言で睨みつけられるだけのこともある。

その片言隻句《へんげんせきく》と表情を丹念に拾い集め、記者会見や懇談の席で確認し、情報を組み立て直す。足りない部分は、ほかの政治家や小沢の周辺を取材して全体像を探っていく。そんな日々を繰り返すうちに、少しずつだが会話が続くようになっていた。それでも、小沢が何を目指しているのか、じっくり話を聞く時間を持てたのはこの時が初めてだった。

旅の途中で時間があると小沢は、なぜ政治改革が必要か、私たちに語り続けた。

「中選挙区制では自民党は同士討ちになるから選挙にカネがかかる。それが政治腐敗の温床になるんだ。一方、野党は候補者を絞れば当選確率が高くなるから、候補者を増やすこと自体を嫌がる。それでは政権交代など到底起きない。だが、小選挙区制に変えれば、自民党は一人しか通らないので必ず分裂する。野党はまとまるしかなくなり、二大政党的なものに再編されていく。同士討ちがなくなれば無駄なカネもいらなくなる。そうなれば、選挙で選ばれた政権が大胆な政策を実行し、失敗すれば政権が交代するようになるはずだ。それが政治にダイナミズムと緊張感をもたらすんだよ」

私よりずっと年上で小沢をよく知る先輩記者も数人同行取材に加わっていた。そうした記者は、私が怖くて聞けないようなことも遠慮なくぶつけていた。

「それは小沢先生お得意の『書生論《しょせいろん》』でしょう。選挙区は命の次に大事という政治家ばかりだから、そう簡単にはいきませんって。やっぱり先生が総理になってトップダウンでやるしかないし、そのためにも竹下派をまるごと引き継ぐのが一番の早道ですよ」

「いや、もう派閥でカネを集める時代じゃない。角さん（田中角栄）も竹さん（竹下登）も結局カネで足を掬われた。いまの制度のままだと総理になればみんな捕まっちまう。だから僕は、政治改革でカネを使わなくてよくなってからゆっくり総理をやるよ」

自民党内の権力の階段を猛スピードで駆け上がっている小沢が、いまは総理をやりたくないという。冗談めかして言っていたが、当時の自民党への逆風を考えればそれも小沢の本音かもしれないと私は感じていた。

「ベルリンの壁」の前で私たちと一緒に笑顔で写真に納まりながら、小沢は日本政治にそびえる高い壁をどうやって壊すかを考えていたに違いない。日程を繰り上げて私たちより一足先に帰国することになった小沢は、「日本に帰ったら君らも忙しくなるぞ」と謎の予言を残した。それも冗談だと思いたかったが、私たち全員が嫌な予感を抱いたのだった。

私は、上着の内ポケットから「衆議院手帖」を取り出した。この黒い合皮で装丁された手帖は、一九八七年に私がＮＨＫの政治部に配属された時から日記代わりの備忘録として使っているものだ。ノートにメモを取る余裕がない時には、日時や場所、気になる言葉などをこの手帖に記録しておいて、後からそれを基に取材メモを完成させることもできた。

その手帖の七月二十一日の欄には、「チェックポイント・チャーリー」「ベルリンの壁」「五五年体制を壊す」などといった走り書きが残されている。それが、その後長く続く小沢の波乱に富んだ「闘いの記録」の始まりだった。

欧州から帰国した直後の八月、小沢の「冷戦の終結で動乱が起きる」との予言はイラクのクウェート侵攻というかたちで現実になった。小沢は政治改革に加えて、日本の外交・安全保障政策の転換という重いテーマにも取り組むことになった。旧来の「自民党的な発想」からの脱皮を求める小沢の主張は、自民党内でも強い反発を招き、与野党にわたって対立が深まっていく。さらにベルリンの壁を訪れてから一年後には、心臓病で長期入院を強いられる。

翌一九九二年夏には、小沢の最大の後ろ盾で、竹下派会長だった党副総裁・金丸信が五億円の違法献金問題で失脚した。小沢は竹下派の後継会長を目指したが、かつての仲間からの猛烈な反発にあって、跡目争いは竹下派を二分する激しい闘いに発展した。メディアも巻き込んだ激烈な抗争に敗北した小沢は盟友・羽田孜《はたつとむ》とともに竹下派を出て新派閥を旗揚げする。しかし、小沢の勢力は半数以下に落ち込み、影響力も大きく低下していた。

一九九二年の年末から小沢は人間ドックを兼ねて入院する。激烈な権力闘争を続けた結果、小沢は、政治的にも肉体的にも満身創痍《まんしんそうい》だった。それでも、ある決意を胸の内に秘めて一九九三年という新たな年を迎えていた。

夏の陣

第1章　仕掛け花火

政界再編の夢

私の手元に一枚の写真がある。セーター姿で寛《くつろ》いだ小沢一郎が赤ん坊を抱いて笑っている。

日付は一九九三年一月二十四日。撮影されたのは世田谷区・深沢の小沢の私邸。事務所を兼ねたその広大な屋敷の二階の座敷だった。小沢は、近所の鮨屋から取った鉢盛が並ぶ座卓の前で、ぎこちない素振りで

和やかに赤ん坊を抱く小沢一郎

生後四か月くらいの赤ん坊を抱いている。いかつい顔に精一杯の作り笑いを浮かべ、「可愛いねえ。お父さんに似ちゃだめだよ」と猫なで声で言う姿は微笑ましいというよりも、やはり少し怖い。

この日、小沢邸にいたのは、「少し遅めの新年会だが、家族連れで来ないか」という小沢の誘いで集まった数人の記者とその家族だった。それぞれ所属が異なる会社で同時期に小沢を取材してきたいわばライバル同士だったが、既にみな直接の担当を外れている。私も一九八九年から三年半の「小沢番」を終えて、半年前に野党担当に代わっていた。三年以上も同じ政治家を取材していれば、さすがに、時には他社を出し抜いてサシで会ったり、ちょっとした特ダネをモノにしたりするようにはなっていた。だが「現役」の番記者の間は、「夜討《ようう》ち朝駆《あさが》け」の取材に追われる毎日は変わらない。「いつ抜かれるか、手にした情報が間違っていないか」と、いつもピリピリした緊張感に包まれていた。担当を外れて「OB記者」になった後は、そうした日々の激しい取材競争とは少し距離を置くことができる。同じような立場の他社の記者数人で自然に、時折小沢を囲むような関係が出来上がっていた。それでも家族も一緒となると話は別だ。みな嫌がる家族を、それこそ土下座するようにして説得し、連れてきていた。

そんなぎこちない空気を察したのだろう。これも珍しく同席していた和子夫人も、慣れない手つきで赤ん坊をあやす小沢を横目で睨みながら、「せっかくのお休みなのに、ご迷惑でしょう。ごめんなさいね」としきりに我々に気を遣っていた。

前年、小沢が所属していた自民党最大派閥・竹下派の会長だった党副総裁の金丸信が東京佐川急便から五億円の違法献金を受け取っていたことが発覚。金丸は罰金刑を受けて議員辞職に追い込まれた。ナンバー2の会長代行だった小沢は、金丸に代わって派閥を引き継ぐことを目指した。しかし、かつて側近だった野中広務や中村喜四郎《きしろう》といった議員たちからまで「派閥乗っ取りだ」と反発が噴出し、跡目争いは激しい内部抗争に発展した。結局、抗争に敗れた小沢は、年末に羽田孜とともに政治改革を旗印とする新派閥「改革フォーラム21」(羽田派)を結成していた。

年が明けても、小沢や羽田が提唱する小選挙区制の導入を柱とする政治改革法案を巡って、自民党内の対立は収まっていない。野党からは、選挙制度改革は金権腐敗への批判をかわす方便だとの攻撃も続いている。元首相の竹下登が自民党総裁選に際して右翼団体からの「褒め殺し」の嫌がらせを暴力団に依頼して止めさせたとされる「皇民党事件」（一九八七年）に絡んで、竹下とともに側近だった小沢の証人喚問を求める声も強まっていた。

そんな状況のなかで小沢は年末年始には文京区千駄木の日本医科大学付属病院に人間ドックを兼ねて入院していた。疲弊した心身を少しでも癒したいと「現役」の番記者ではなく、「OB」で比較的気心が知れた私たちを誘ったのだろう。

そう思った私たちも、新年早々の明るいニュースだった皇太子の婚約とか、二年前に心臓病で倒れた小沢が元気になったのは夫人手作りの「愛妻弁当」のお陰だ、などと当たり障りのない話題を選んでいた。

だが、政治の話を熱く語り始めたのは小沢のほうだった。

「今年は秋に自民党総裁選があるだろう。こういう年は変化が起きやすい。通常国会はいつも政局の火種だ。来月には衆院議員の任期が三年を過ぎる。宮澤（喜一）総理は、総裁選前の早いタイミングで解散したいところだろうが、政治改革法案がどうなるか。僕の勘では、今年は大政局になるかもしれない」

私たちはすぐさま疑問を呈した。

「しかし、総理はオールマイティーと言っても、宮澤さんに思い切った行動ができますかね。宏池会（宮澤派）の所属ではない梶山（静六《せいろく》）さんを幹事長に据えたということは、党内融和優先の意思表示じゃないですか」

小沢は、いつものように「書生論」で反論した。

「問題は歴史の動きが待ってくれるかどうかだ。東西冷戦が終わって、世界はいよいよ激動の時代に入った。アメリカも十二年ぶりに民主党政権に代わっている。日本だけがいままで通りの『ぬるま湯』に浸かっていられるはずがないだろう。マスコミの諸君は『小沢は派閥の跡目争いで負けた』と次元の低い悪口ばかりだが、僕がやりたいのは政治を根本から変えることだ。そのためには自民党が一回下野するくらいの大改革が必要なんだよ」

それを聞いていた私たちは、お屠蘇《とそ》も少々入って普段だと言いにくいことも口にした。

「しかし、自民党の現状はどうでしょうか。守旧派の議員たちは中選挙区のもとで地盤をつくっているからそう簡単に納得しないでしょう。野党も小選挙区では勝ち目がないと大反対だし」

「その考え方が古いんだ。政治にカネがかかるのも中選挙区で同士討ちするからだろ。自民党同士で争えば政策論争じゃなくサービス合戦になるからな。それに、日本人は何事も丸く、丸く収めるのが好きだが、国際情勢の変化に機動的に対処するには、強いリーダーシップが必要だ。そのためにも一騎討ちで勝敗を決める小選挙区がいいんだ」

野党が大同団結すれば十分自民党に対抗できる。むしろ自民党が失敗すれば野党が代わって政権を取る。政権交代が当たり前に起きるのが本当の民主主義だというのが小沢の持論だ。

私は、以前「ベルリンの壁」を見に行った時から変わっていない小沢の口ぶりに不思議な安心感を覚えたが、あえて反論してみた。

「口では『改革、改革』と言っている若手議員も現実には、自分たちが当選できるかどうかが一番大事。本音では小選挙区は厳しいと心配している議員もいますよ」

いつものことだが、小沢の話が熱を帯びてくるほど、私たちの疑問も次々に湧いてくる。鉢盛に残された寿司も少しみずみずしさを失ってきた。話は堂々巡りのままだ。

小沢は苦笑いを浮かべながら最後に言った。

「だから制度を変えるのが一番の早道なんだよ。小選挙区制にすれば自民党は嫌でも割れる。そうなれば政界再編と政権交代がセットで実現する。それが僕の夢だし、それは必ず現実になると思う。今年は君らの想像を遥かに超える歴史的な年になるんじゃないか」

家族もいる前とあって口調は穏やかだったが、私たちは小沢の密かな決意を感じ取っていた。

そして同時に、自民党の最大派閥・竹下派を引き継ぐことで内部から自民党政治を変えることを目指していた小沢が、もはやその道を諦め、自民党の外の勢力と手を結ぶことで権力を奪取することを目標にし始めたのだとも感じていた。

「そうは言っても、経世会《けいせいかい》（竹下派）の分裂でエネルギーを使い果たしているからなあ。まだ五十歳といっても大病もしているし、さすがの小沢さんも、当分は新派閥（羽田派）の足場固めで精いっぱいだろう」

会がお開きになって小沢邸を辞する時に私たちは囁きあった。「現役」の番記者に伝えるほどの情報はないことを確認し合う意味もある。

「政界再編は小沢さんの初夢ということですかね……」

私は背広の内ポケットから真新しい衆議院手帖を取り出した。

表紙に金文字で「平成５年　１９９３」と書かれたその手帖に、私は「歴史的政界再編」「制度を変えて政権交代」と走り書きを残した。

果たして小沢の初夢が叶うのか。もちろん私は半信半疑だった。だが歴史的な年になるという「予言」のほうはなぜかひどく気になっていた。

二・六戦争

新年会で小沢が私たちに政界再編の夢を語ってから二週間後の二月六日土曜日の朝、私邸にいた小沢に一本の電話が入る。相手は自民党幹事長・梶山静六だった。

国会は、皇民党事件などを巡って野党側が竹下に加えて小沢の証人喚問を要求し、予算案の審議が遅れていた。

梶山は、そうした国会の状況を伝えたうえで、「予算審議を進めるために、場合によっては証人喚問に応じてもらうかもしれない」と遠回しに小沢に協力を求めた。

小沢は、「全て一任します」と素っ気なく答えた。たったそれだけの短いやりとりだったが、この会話の背後には、小沢と梶山の間で長く続く、互いの命運をかけた激しい暗闘があった。

話は、前年の竹下派の内部抗争にさかのぼる。

この時、羽田とともに派閥の継承を目指した小沢の前に立ちふさがったのが、かつて小沢の盟友と言われた梶山だった。

梶山は、竹下派内では小沢と並ぶ「武闘派」として知られていた。小沢より十六歳も年上だが、一九六九年初当選の同期だ。同じ田中角栄の門下生として「雑巾がけ」から苦労をともにし、揃って頭角を現していた。「オヤジ」と慕った角栄に歯向かって竹下を担いで竹下派を旗揚げした時も、二人が原動力になった。

小沢は、急死した父親・佐重喜《さえき》の跡を継いで、司法試験準備のために在籍していた日本大学大学院の在学中に岩手の亡父の選挙区から立候補し、二十七歳で代議士になった典型的な二世議員。一方の梶山は陸軍航空士官学校で終戦を迎え、地元茨城で県議会議員を経て国政に出た叩き上げの政治家だった。

全くタイプが違う二人だが、同期の中でも特に親しく、互いに「イッちゃん」「梶さん」と呼び合う兄弟のような間柄だった。

それが竹下派の派閥後継を巡って敵味方に分かれて争う事態になったのである。小沢はやはり同期の羽田を会長候補に、梶山は竹下の推す小渕恵三を担いで竹下派は真っ二つに割れた。互いに能力を認め合い、手の内を知り尽くした両者の争いは激烈になり、いつしか二人の名前から「一・六戦争」と呼ばれるようになっていた。

前年の小沢との争いでは、梶山が参議院に強い影響力を持つ元首相・竹下の力をバックに参院議員の多くを押さえて多数派を形成、小渕を派閥会長に据えて死闘を制していた。混乱を鎮めるため首相の宮澤喜一は、年末に内閣改造を行い、梶山を幹事長に起用した。小沢に並ぶ竹下派の実力者だった梶山を党の要の幹事長に据えることで、党内のバランスを回復しようとしたのである。野党との激突が予想された国会を乗り切るためにも、前職で国対委員長として野党幹部とも気脈を通じていた梶山の力が必要だった。だが、その梶山も国会運営では難しい判断を迫られていた。

政治とカネ、そして最大派閥のなりふり構わない抗争で自民党政治そのものが厳しい批判にさらされている。それに加えて自民党総裁選に暴力団が関与していたとなると、自民党への信頼は地に落ちる。

梶山ら自民党執行部は、竹下、小沢の証人喚問は避けられないだろうという判断に傾いていた。問題は小沢の出方が読めないことだった。


協力してくれるだろうか——梶山は慎重にならざるを得ない。

小沢は、私たちとの新年会の時期から、テレビ出演などで「一連の問題に自分は全く関与していない」「そういう事実さえ知らない」と繰り返し明言していた。

確かに、小沢の関与を明確に示すような事実は出てきていなかった。とはいえ、かつては竹下派会長代行、つまり派閥のナンバー2だった立場で、何も知らなかったでは通用しない。むしろ政治的・道義的責任からは逃れられないのではないかとの声が自民党内でも出始めていた。電話の前に、梶山は小沢と親しい議員に、喚問に応じる気持ちがあるかどうか打診させている。そうした対応も小沢にとっては不満だった。

「僕が幹事長だった時、梶さんは国対委員長。一緒に苦労したから国会運営が大変なことはお互いによく分かっている。僕が嫌がると思って言いにくいんだろうが、そういう問題じゃない。直接言ってくるべきだ」

不快感も露わに周辺にそう言っていた。そんな話が耳に入ったこともあって梶山は直接電話をしてきたのだった。

一方、小沢には、もう一つの狙いもあった。この頃、小沢は私たちにこう打ち明けていた。

「僕は本当に何も知らない。竹下さんには、右翼の褒め殺しなんか相手にする必要がない、放っておけと言っていたんだ。だから喚問なんか怖くない。むしろ、喚問に応じることで竹下派時代の問題を清算できるかもしれない。ここを乗り切ればむしろ動きやすくなるんだよ」

しかし、小沢とともにルビコン川を渡ろうとしていた羽田派の議員の多くは、証人喚問でさらに小沢の悪役イメージが強まるのを恐れていた。社会党国対委員長の村山富市ら野党の一部と気脈を通じる梶山が、証人喚問をカードに小沢の動きを牽制しているのではと疑う議員すらいた。

私も、「証人喚問で過去が清算できる」という小沢の強気の見通しは、やはり少し甘いのではないかと思っていた。喚問を乗り切ったところで、それがプラス評価に変わることなどないからだ。

証人喚問

小沢に対する証人喚問は、二月十七日午前、衆議院本館三階の第一委員室で行われた。予算委員会のテレビ中継に使われる部屋で、生中継が可能な設備が備えられているが、改正された議院証言法によって喚問中の撮影は禁止されていた。ロッキード事件やリクルート事件など数々の疑獄に絡んだ証人喚問が行われてきたが、テレビ中継があると証人が緊張し、心理的なプレッシャーが強過ぎるとの自民党の言い分で禁止されたのだ。

第一委員室には記者席もある。狭いスペースに長机がびっしりと何列にも並べられている。体をねじ込むようにして座ると今度は身動きがとれない。中央に近い席に座ると出入りも難しいほどだ。証言者の表情を見るには記者席が一番だが、座ってしまうとメモをとることはできても、原稿を書いて送る作業は不可能に近い。

ＮＨＫは国会のすぐ近くの国会記者会館の一室に拠点を設けていた。そこで事件取材にあたっている社会部の記者も一緒になって、静止画の中継画面から流れる音声を聞いて証言内容をチェックし、原稿を出稿《しゅっこう》していた。

証人喚問などの大きなニュースの時には、生放送の特設枠が設けられる。こういう時の出稿担当記者はキツい。

生放送なのでニュースになる話が出れば、直ちに原稿にしてスタジオのアナウンサーや出演している記者に届けなければならない。ワープロで原稿を作成し、電子メールで送稿するシステムの運用も始まっていたが、こういう場合は、そんなまだるっこしいことはしていられない。

紙の原稿用紙に手書きして、一枚書く度に、そのままファックスにかける。放送が始まっても、原稿を書き続けていることもザラだ。殴り書きに近い文字で書いて送るが、手練れのアナウンサーは、下読みもせずしかも間違えずに読み上げる。これは神業だといつも思っていた。

テレビの記者は「手が早い」のが絶対条件だ。国会に限らず、大事件や大災害が起きれば、現場から生中継でリポートをしなければならない。文章を練っている余裕がない時も多い。

そんな場合は、原稿はあきらめ「勧進帳《かんじんちょう》」で話すこともあった。目の前の状況を頭の中で整理しながら、言葉にしていく。弁慶が安宅《あたか》の関で、空《そら》で「勧進帳」を朗々と読み上げたという歌舞伎の演目にちなんだ手法だ。

メモを整理する暇もない時もあり、ニュースの基本「5W1H」を漏らさぬように時間内に喋らなければならない。ぶっつけ本番に慣れるまでは膝が震える。そんな痺《しび》れるような経験を積んでテレビの記者は鍛えられていく。

鳴り物入りで行われた小沢の証人喚問だったが、二時間にわたった追及も大半は既に新聞・テレビで報じられている内容の範囲内だった。もともと本来の追及対象は、この日午後に続けて喚問された竹下だったこともあり、小沢については翌日の新聞各紙が「野党の追及不発」と書くほど波乱なく終わった。

私は、小沢の表情を見ようと第一委員室の出入り口付近で待ち構えた。証人喚問を終えた小沢は、廊下にいた側近や弁護士らしい人物と笑顔で握手を交わし、待ち受けていた記者団には「緊張で心臓が口から飛び出すかと思ったよ」と軽口を叩く余裕を見せていた。

しかし、音声のみだった証人喚問中継でも小沢の口調は明らかに緊張していたし、喚問を終えた後は、普段は見られないほどホッとした表情だった。

ここまでは狙い通りだろう。だが、それで本当に重荷が取れるのか。私は、サシで小沢の反応を聞いてみたいと思った。直接、記事にはならなくても、こういう時には本人の表情や態度を含めて反応を見ておくと、その先の行動を予測できることもある。その日のように現役の番記者が本筋の取材に追われている時は、それも「ＯＢ記者」の役割だと思っていた。

小沢は証人喚問に備えてホテルに戻っているはずだが、居場所は明かされていない。私は久しぶりに雲隠れした小沢を探すことにした。

こういう時は、まず小沢が使いそうなホテルの駐車場を片っ端から見て回る。主なホテルの駐車場の出入り口や政治家が人目につかないように車を停めておく場所はリストアップしてある。従業員専用のエレベーターの近くが狙い目だ。もちろん小沢だけでなく、主要な閣僚や与野党の幹部が使う車の車種とナンバーは一覧表にして持っていた。

政治家同士が会っただけでニュースになる場合もある。いつ、誰と、どこで会ったのか。

それだけで話の中身も推測できる。テレビの場合は、ホテルや料亭など現場の映像も押さえられれば、大スクープをモノにできることもあった。

もちろん空振りに終わることも多かったし、見つけることができても話しかけるのには勇気が必要だ。重要な場面であるほど、「何をしているっ」と怒鳴りつけられかねない。運よく立ち止まっても「ふん」の一言で終わることもある。そんな経験を重ねているうちに、こちらの神経も少しずつ鍛えられていく。

その日の夕方になって、少し青みがかったシルバーのトヨタ・セルシオを全日空ホテル（現ＡＮＡインターコンチネンタルホテル東京）の地下駐車場で見つけた。ナンバーを確認する。小沢のセルシオに間違いない。

少し離れた柱の陰で待っていると、しばらくして小沢が運転手役の秘書とエレベーターから出てきた。

セルシオの前まで向かう私を見ると小沢は「またお前か」という顔をしながらも立ち止まった。少し疲れているようには見えたが、機嫌は悪くない。

「お疲れさまでした。まあ無難に乗り切れた感じですか」

私がそう話しかけると小沢はぶっきらぼうに言った。

「もともと俺は関係ないんだ。野党も君らマスコミも、俺が本当のことを言っても信じないからな。まあ国民が分かってくれればいいんだ」

「野党はともかく、あれで世間が納得するでしょうか。我々マスコミは『野党の追及不足で、疑惑は晴れず』と書きますが」

「何を言っても、どうせマスコミは悪口しか書かないだろう。しかし、俺なりにケジメはつけたということだ。これで動きやすくなるんだよ。まあ見てろ。これから仕掛け花火がパチパチだ」

そう締めくくると小沢はセルシオの後部座席に乗り込み、「もう追いかけてくるなよ」と言い残して走り去った。

極秘会談

証人喚問から三日後の二月二十日、ホテル・ニューオータニの日本料理屋「千羽鶴」で後に関係者が歴史を動かしたと振り返る出会いがあった。

労働界のトップ・連合会長の山岸章《あきら》と小沢の極秘会談だ。

それまで山岸は、小沢にいい感情を持っていなかった。小沢は自民党幹事長時代から、連合傘下の労働組合幹部と接触を重ねていた。若手幹部でつくる勉強会に講師として参加した時もあった。当時から公明党・民社党とのいわゆる自公民路線を進めていた小沢にとっては、社会党支持の労組も含めて連合との関係を深めることは、将来の政界再編に向けて布石を打つ意味があったのだ。

一方の山岸は、当時の社会党委員長・田辺誠とともに、社会党を中心にしたリベラル勢力の結集を目指していた。公明、民社はもちろん、自民党の一部との連携も念頭にあったが、「再軍備論者のタカ派」と目され、強権的と言われた小沢の政治姿勢には批判的だった。さらに小沢が、山岸の後を窺う立場である副会長の鷲尾悦也と会談してからは、「小沢は組織に手を突っ込むのか」と周辺に対して怒りを露わにしていた。

本格的な政界再編に乗り出すためには、連合の力がどうしても必要だ。そのためには山岸の怒りを解き、味方にする必要がある。そう考えた小沢は様々なルートで山岸との接触の機会を探っていた。

そして、政界に幅広い人脈を持ち、連合のブレーンでもあった元共同通信論説委員長の政治評論家・内田健三《けんぞう》に橋渡しを依頼し、山岸はようやく会談に応じたのだった。

山岸は、内田に加えて小沢側近の参議院議員・平野貞夫と連合の政治担当副事務局長だった坂本哲之助を同席させた。秘密を守るにはサシの会談が望ましいが、後から「言った、言わない」で揉める場合も多い。互いに信頼できる人物を同席させたほうが得策だと考えたのだ。

この席で小沢は「これまでの非礼をお詫びします」と頭を下げた後、改めて「中選挙区制度は既に制度疲労を起こしている。このまま自社馴れ合い政治を続けていたら日本はダメになるだろう。我々は政治改革を断固やる決意で、自民党執行部が政治改革に後ろ向きの姿勢なら離党も辞さない」と決意を語った。

山岸は後にＮＨＫのインタビューで、最後に小沢が畳に手をついて「私たちの身柄は会長にお預けします」と述べたと明らかにしたうえで、「驚いたね。これは演技だとか社交辞令でやっているんではないなと。それで我々もまともに受けて立たなきゃという気持ちになった」と、その時の会談を振り返っている。証人喚問にも応じた小沢が「離党も辞さない」と決意を語っている。それが山岸の気持ちを動かしたのだ。

小沢の秘密主義は徹底している。いったん水面下の工作を始めると、その動静を掴むのは容易ではない。

この時点で私の手帖には「二月二十日小沢・山岸会談?」とあるだけだ。周辺取材で会談が行われたのは分かっていたが、具体的にどんなやりとりがあったのかは、まだ掴めていなかった。

しかし、この後に山岸は明らかに態度を一変させた。小沢嫌いと見られていた山岸が、「羽田派の行動に期待する」と発言したり、戦前の中国で国民党と共産党が手を組んで日本と戦った歴史にならって「小沢との連携は政治改革のための『国共合作』だ」とまで発言したりするようになった。社会党や民社党の連合出身議員に政治改革への協力を働きかけもするようになっていた。山岸の方向転換によって野党陣営内での小沢を警戒する空気も徐々に変わりつつあった。

それでも当の小沢は、表向き「当面は党にとどまり政治改革に全力を尽くす」と繰り返していた。梶山は「羽田や小沢についていきたい奴は出ていけばいい」と露骨に締めつけを強め、羽田派内で同調する人間は少なく抑えられるとみていた。小沢の水面下の動きを摑んでいなかったこともあるが、羽田派には選挙基盤が固まっていない若手議員が多く、資金面でも新党で選挙を戦うのは苦しいという事情があったからだ。

しかし、だからこそ選挙に弱い若手議員のために、八百万人を組織する連合という巨大な集票マシーンを引きつけておく必要がある。それが小沢の狙いであり、仕掛け花火の一つだと私は考えていた。

ワン・ワン・ライス

小沢・山岸会談から四日後の夜、私は民社党書記長の米沢隆と麻布十番の小料理屋で落ち合った。京都大学法学部出身で組合活動から民社党の議員になった米沢は、民社党きっての理論派として頭角を現し、党の要の書記長に就任していた。

当時、小沢と公明党書記長の市川雄一の緊密な関係が「一・一ライン」と呼ばれ有名だったが、米沢も小沢との関係が深く、記者仲間は一・一に米を加えて「ワン・ワン・ライス」と呼んでいた。決して口数が多いタイプではなかったが、小沢番時代から接触していた私は、何とか距離を縮めつつあった。米沢は自民党幹事長時代の小沢と欧州へ選挙制度視察に行った「壁無し会」のメンバーでもある。

その小料理屋は、麻布十番の商店街から路地に入り込んだところにあるこぢんまりとした店で、ほかの政治家や官僚の姿は見かけない。米沢に誘われ、何人かの他社の記者と一緒に訪れたことがあった。だが、今回は彼らには悪いと思いながら、サシで話を聞きたいと私のほうから米沢を誘っていた。

黙って生ビールを飲みほしている米沢を見ながら、私は料理に箸もつけずに、どうやって質問を切り出そうかと考えていた。元々口数が多いほうではないうえに、ピントがずれた質問をすると途端に不機嫌になる。だが、何かのはずみで饒舌《じょうぜつ》になることもある。私は考えるのをやめて、ストレートに質問することにした。

「小沢さん、連合の山岸会長と会ったんでしょう？　連合の中にも小沢アレルギーがあるのに、本当に組めますか？」

米沢は「バカモン、くだらないこと聞くな。小沢が誰と会ったかなんか知らん」と言いながらニヤニヤしている。

体重八十キロを超える堂々たる体軀《たいく》に愛嬌のある丸顔がちょこんと乗ったような風貌の米沢は、「バカモン」が挨拶代わりの口の悪さであった。だが、こういう時の米沢は機嫌がいいのだ。

私は少しほっとしながら、さらに問いかけた。

「だって、連合がいいとなっても、小沢さんが飛び出さないと何も始まらないでしょう。羽田派の若手議員も選挙を考えると本音は離党したくない人が多い。小沢さんも迷っているのではないですか」

民社党内は米沢ら労組出身議員と委員長の大内啓伍ら党生え抜きの議員との路線対立に加え、親小沢か反小沢か、という問題も絡んで微妙な状況になっていた。

米沢は少し考えた後に、いつもと変わらない淡々とした口調で話し始めた。その内容は思いがけないものだった。

「小沢は腹を決めたぞ。政治改革法案を俺たち野党と組んででも通すつもりだ。三月になって予算案が衆議院を通過したら一気に動き出す。民社の中にもややこしいのがいるが、連合系はまとまっている。こちらも準備を始めた」

それだけ言うと米沢は「話は終わりだ。酒がまずくなる」と、後は日本酒を手酌《てじゃく》であおり続けた。「小沢が行動を起こす決断をした」という米沢の言葉に、私は驚きを押し隠して、しばらく世間話に付き合った。小沢がどんな行動を取るというのか、そう尋ねても米沢は答えないだろうし、その言葉だけでも聞ければ成果は十分過ぎるほどだった。

それにこの日私は体調があまりよくなかったこともあり、早く退散したかった。だが、こちらから誘っておいて「お先に失礼します」というわけにはいかない。結局、私は、ロクに料理を食べずに日本酒を飲み過ぎた罰を受けることになったが、手洗いの中で、「予算が上がったら動き出す。小沢は腹を決めた」と手帖に書き留めることは忘れなかった。

さらにその二日後の深夜。私は小沢最側近の中西啓介を麹町《こうじまち》のマンションに訪ねた。野党担当の私が自民党議員に「夜回り」をかけるのは一種の領空侵犯だが、私は平河クラブ（自民党記者クラブ）の記者が引き上げた頃を見計らってインターホンを鳴らすようにしていた。

中西は、和歌山県選出の衆院議員で、小沢の一つ年上だが弟分を自任していた側近の一人だ。野党や連合との連絡役を務め、市川・米沢との関係も親密だった。あのベルリンの壁を視察したメンバーでつくる「壁無し会」の世話役も務めていた。数年かけて距離を縮め、私にとっては、重要な情報源の一人になっていた。

中西は、痩せてすらりと背が高く、イタリア製のブランド物のスーツがよく似合う、当時の政治家には珍しいタイプだった。その夜はすっかり寛いで真っ赤なガウンを羽織り、紅茶を飲んでいる。

私は単刀直入に質問した。中西は、禅問答のような面倒なやりとりは好まない。

「小沢・山岸会談はうまくいったようですね。山岸さんの態度は随分変わった。しかし、それで自民党が政治改革に前向きになるとは思えません。何か思い切った行動が必要になるんじゃないですか」

中西は少し笑みを浮かべながらバリトンの渋い声で言った。

「あと三週間、水面下で野党工作をしていく。それから勝負することになる。社会・公明・民社が一致して政治改革法案を出してくれれば、自民党も修正協議に応じざるを得なくなるやろ。民社は内部で路線対立があるようだが、社会党と公明党が動けば乗るしかなくなる。それは市川と米沢がガッチリやるということや。後は宮澤に梶山を抑える力があるかどうかだが、恐らく無理やろうな。そうなるとウチ（羽田派）は離党・新党になるな」

中西が「離党・新党になる」と明言するのを聞いたのは初めてだった。事態は私の予想を超えて加速しているようだ。

「しかし、離党・新党となると当然、自民党と選挙で戦うことになりますよね。先生たちはいいけど、若手はどうなんですか。本音では怖いと言う議員もいますよ」

「おう、みんな怖いだろう。だから連合と組めるかどうかが大事になる。もう一つは創価学会だ。これはお前さん限りにしてほしいが、小沢の兄さんは大阪で関西のドンと会った。どうやら意気投合したらしいぞ」

創価学会の関西のドンと言えば一人しかいない。創価学会・関西長の西口良三だ。公明党の草創期から関西の選挙の陣頭指揮にあたり「常勝関西」と言われる固い選挙基盤を築いた人物である。

実際に会うと、物腰は柔らかく、会社経営者を思わせる雰囲気の紳士。穏やかな口調ながら本質を鋭く突く言葉は、長い間修羅場《しゅらば》を潜り抜けてきた凄みを感じさせる。

一・一ラインと呼ばれるほど緊密な小沢と市川の関係を考えれば、ともに選挙を戦うためにどうやって連携を強めるか話し合っているはずだった。市川を通じて創価学会との関係も深めるにちがいない。私はそう思い込んでいたが、ここでも小沢は、本当のキーパーソンを見極めて自ら関係を築く手法を使っていた。

私は、まだ袂《たもと》を分かつ前の梶山から聞いた話を思い出していた。

梶山は、小沢をこう評していた。

「イッちゃんの強みは、これと決めたら全てを一点に集中して迷いなく攻めていけることだ。サシの勝負にはめっぽう強い。俺なんかは、つい人間関係を考えたり、ほかに方法がないか回り道を考えるからうまくいかない場合もある。ただ、あんなに結論を急いでギリギリ攻めていくとついていけない人間も出るんですよ」

連合を率いる山岸と「常勝関西」の創価学会の西口。いずれも、将来、仮に新党で選挙を戦うことになった時に、当てにできなくなる自民党系の組織・団体に代わる集票マシーンを動かす人物だ。相手の懐に飛び込んで一気に形勢逆転を図る小沢らしい手法である。

小沢は、私たちとの新年会の頃から、当選一、二回の議員たちと定期的に会合を開いていた。自分の選挙を心配する議員たちに小沢は二つのことを約束している。

一つは何としても全員当選させること。そしてもう一つは、新党をつくれば一回は当選するが、その後も政治生命を永らえさせるために、必ず政権を取ることだ。

経世会分裂の際に小沢は、かつての盟友や側近から激しい言葉で攻撃を受けた。そのことをいまでもひきずっていた。いつも強気を装っている小沢が、ふと「仲間のために必死にやってきたのに、あそこまで言われるとなあ。時々嫌になるよ」と弱音を吐いたこともあった。そんな状況で最後まで小沢についてきた若手議員たちを、小沢は「僕の宝物だ」と表現していた。その若手議員たちに「政治生命を守る」と言ったことを、口約束に終わらせないためにどうするか。必死の工作が進んでいたのである。

小沢が言った仕掛け花火の全体像が、ようやくうっすらと見えてきたような気がしていた。

小沢は、私たちの予想を超えて、国会での与野党のぶつかり合いとその先の政局を視野に入れ、一つ一つ手を打っている。後は、どこで花火の導火線に火をつけるのか。平成五年度予算案は、野党側が審議に復帰したことで、間もなく三月六日には衆議院を通過する見通しとなった。

その前日五日の夜、小沢は個人事務所を置く「永田町十全《じゅうぜん》ビル」の目と鼻の先にある料亭「満《ま》ん賀《が》ん」に羽田派の当選一回の議員を集め、「この国会で宮澤政権が選挙制度改革の成果を上げられるかどうかが、行動を起こす判断材料だ」と伝えていた。

いよいよ小沢の「仕掛け花火」がパチパチと弾け出すのだろうか。私はそう考えていた。

しかし、翌日になって爆発したのは花火どころか、永田町を揺るがすようなメガトン級の爆弾だった。

第2章　ドン逮捕の衝撃

ゴールデン・トライアングル

永田町には国会議事堂をはじめ、首相官邸や議員会館、政党本部が建ち並び、政治団体や政治家の個人事務所が入ったビルも集中している。そのため、権力の中枢とも言われている。

なかでも、国会裏からの下り坂と山王日枝《ひえ》神社からの下り坂が合流するすり鉢状の地形の一帯は、ある時期「ゴールデン・トライアングル」と呼ばれていた。

日枝神社からすり鉢の底に向けて坂を下ると、正面には金丸事務所がある高級マンション「パレロワイヤル永田町」、その隣に小沢の個人事務所が入居している「永田町十全ビル」、さらにその向かい側には竹下事務所が入る「永田町TBRビル」があった。

竹下内閣ができた一九八七年から小渕派と羽田派に分裂する一九九二年までは、竹下派が自民党最大派閥として権勢を振るっていた。

その派閥会長の金丸とオーナーの竹下、それに幹事長を務めた後に派閥の会長代行となった小沢の三人の名前から「金竹小支配《コンチクショウ》」とも言われていた。この三角地帯に立つと、金竹小の事務所が一望できる。そのためゴールデン・トライアングルと名付けられた。

実際、政局に大きな動きがある時などは、私たちはすり鉢の底にあたる交差点付近から三事務所の人の出入りをチェックしたりもしていた。

しかし、この三角地帯に何時間も立ち尽くし、そのうえ何の成果も得られない日のほうがはるかに多かった。

諸説あるのだが、「金竹小」との名言は私の知り合いの新聞記者の発案らしい。ただ、その金竹小が一度に見張れるからゴールデン・トライアングルと呼ぶのには異議があった。私にとっては黄金の三角地帯どころか、貴重な時間が消えてなくなる「魔の三角地帯」バミューダ・トライアングルだったからだ。

三月六日土曜日。その三角地帯で、ある異変が静かに進行していた。

この日国会では、平成五年度予算案を採決するための衆議院本会議が予定されていた。自民党政府は、竹下、小沢への証人喚問や緊急経済対策の減税問題を巡って野党との折衝が難航し、苦しい審議状況が続いていた。だが、予算案が衆議院を通過すれば何とか年度内成立が見通せそうだった。

与党議員と霞が関の官僚たちだけでなく、政治記者もそして野党議員すらもほっと一息つけるタイミングだ。例の三角地帯も、政界関係者の往来は少なく、そこに立つ記者もいない。

そんな緊張感が緩んだ土曜日の昼過ぎ、金丸はパレロワイヤル永田町六階の事務所を出て、目と鼻の先のキャピトル東急ホテル（現ザ・キャピトルホテル東急）に向かった。

前日、東京地検から「確認したいことがある」と呼び出しを受けていた。東京佐川急便からの違法献金の件は決着がついたはずだ。罰金刑を受けた後は議員も辞職し、大人しくしている……。

金丸は「たいしたことじゃないだろう。ちょっと行ってくる」と言い残してホテルに向かった。指定された部屋に行くと、東京地検特捜部の検事が待っていた。そのまま目立たないように法務省の合同庁舎に身柄を移される。そして、取り調べを受けた後の午後六時過ぎ、四億円の脱税容疑で逮捕令状が執行された。

引退したとはいえ政界に絶大な影響力を持った金丸の逮捕だ。東京地検は、綿密な捜査を積み重ねて容疑を固めたうえで、予算案の衆院通過直後という政府与党への影響が最小限に抑えられ、しかも政界もマスコミも一瞬気が緩む瞬間を捉えて電光石火の勝負をかけた。

検察にとっては、前年の東京佐川急便事件の処理を巡って傷ついた威信を取り戻す意味もあった。

竹下派のドン・金丸の後継を巡る小沢と梶山の主導権争いがその事件に絡んだ結果、東京地検は事件処理に手間取った挙げ句に金丸本人の取り調べもせず、略式起訴で罰金刑の処分を選んだ。金丸を特別扱いしたと世論に受け止められ、批判の嵐にさらされていた。その汚名を雪《そそ》ぐため国税当局の力も借りて執念の捜査を続けていたのだ。「巨悪は眠らせない」と、疑惑には徹底した捜査で臨み、たとえ相手が元首相であっても逮捕・起訴には躊躇《ちゅうちょ》しない。日本最強の捜査機関としての誇りを取り戻すためにも、東京地検特捜部にとって金丸逮捕は絶対に失敗できない事件だった。

同じ頃、私は野党担当記者として予算取材にあたっていた。その取材は衆院通過が決まった時点でヤマを越える。予算案については憲法上の規定により衆議院の優越が認められているため、事実上成立が決まるからだ。

所得税減税を求めて審議拒否を続けた野党だが、梶山が水面下の交渉で「所得税減税を前向きに検討する」と約束し、手を打った。これによって予算案は六日土曜日に本会議にかけられる日程になった。

残る私の主な仕事は、予算通過後の野党の談話取材だ。これは既に予定稿ができている。不測の事態が起きないか見届けるのは同僚記者に任せて、久しぶりに早めの帰宅をしていた。

自宅で夜七時のニュースをチェックしていると、机の上に置いてあったポケベルがけたたましく鳴り始めた。政治部の電話番号が表示されている。自宅の電話にかけてこずにポケベルを鳴らすのは、緊急時の一斉呼び出しの時だ。

ひどく嫌な予感がした。政治部にかけても案の定繋がらない。記者クラブにかけても話し中だ。何か重大な事態が発生しているのは間違いない。

何が起きたんだ……。そのうちサブ・キャップから電話がかかってきた。

「あのな、金さん（金丸）がパクられたらしいぞ。詳しいことは分からないが、東京地検で発表があるらしい。社会部は完全にテンパってるからそっちでも情報を取ってくれ。野党の反応もいるな。原稿は俺が受けるわ」

いつものように眠そうな口調でそれだけ言うと、電話は切られた。

この人は、何が起きても動じない。大した度胸だと思ったが、いまは感心している場合じゃない。私は慌てて知り合いの政治家や秘書に片っ端から電話をかけた。話し中が多くなかなか繋がらない。運よく繋がっても、

「何があった？　どうなっているんだ？」

と逆に質問攻めに遭う状態だった。

東京地検が金丸逮捕を正式に発表したのは午後九時。容疑は、割引債など四億円の所得を隠していた脱税だ。

金丸ほどの大物政治家が蓄財としか思えない所得隠しをしていた事実は、政界やマスコミに深刻な衝撃を広げた。金丸逮捕が政局に重大な影響を与えるのは間違いない。私は、特に小沢の行動は、かなりの制約を受けるのではないかと思った。

「金竹小」の一人であり、むしろ権力を行使する実権は小沢が持っていた。竹下のスキャンダルでも証人喚問に応じざるを得なかった。事件がどういう展開を見せるにしても、小沢の関与が当然疑われるし、説明を求められる。政治行動が制約を受けるだけでなく、場合によっては小沢自身の政治責任も厳しく問われるに違いない。

「これで小沢は終わりだ。小沢の闘いも終わる」

政界に関わる誰もがそう考えた。私も少なくとも政治改革を巡る動き、特に小沢が進めている水面下の野党工作は、中断せざるを得ないだろうと思った。

小沢とその周辺は現役の小沢番が中心となって取材している。しかし、各社が取材対象に殺到している状態のなかで、独自の取材をすることは難しい。そういう時こそ、長年苦労して関係を築いてきた「ＯＢ記者」の出番だと思っていた。それはある種の功名心でもあるが、担当でなくても「他社に抜かれる恐怖心」は変わらない。現役の小沢番の邪魔にならないように、密かに小沢の胸中を知る方法はないだろうか……。

私は深沢の小沢の私邸に電話を入れた。受話器を取ったのは、住み込みの秘書だった。

「先生は誰の電話にも出ないと言っています。取材は、明日の昼頃に懇談でコメントを出すと番記者の皆さんに連絡したところです」

予想通りだった。

私が「じゃあ、それが終わった後、夕方には一人でこっそり行くからと伝えておいて」と頼むと、「分かりました。先生が会うかどうかは分かりませんが、一応伝えておきます。五時過ぎでいいですか」と了解してくれた。

逮捕を受けて駆けつけた報道陣でごった返す金丸信の自宅前

小沢邸

東京都心から車で三十分近く西に走ると、世田谷区深沢の閑静な住宅街に着く。その一角に小沢の私邸はある。

一ブロックも続く背の高いコンクリート塀に覆いかぶさるように庭木の葉が生い茂り、中の様子を窺うのは難しい。いかにも頑丈そうな鋼鉄製の門扉が固く閉じられている。その佇まいは、この屋敷の主と同様、容易に人を寄せつけない雰囲気を漂わせている。

金丸が脱税容疑で逮捕された翌日、三月七日の日曜日の夕刻。私はその小沢の私邸に一人で向かっていた。

駒沢通りから住宅街に入り込んだところで車を降り、まだ報道陣が待機している正面玄関とは反対側の路地を歩いて進むと「木戸口《きどぐち》」があった。報道陣からは死角になっている。木製の扉をそっと押し開けて敷地に入り込む。連絡した通りに、住み込みの秘書が内カギを開けて待っていてくれた。

竹下内閣末期に「小沢番」に指名され、夜討ち朝駆けでこの邸宅に通い始めた頃は、玄関から中に入ることさえ難しかった。小沢は、玄関先でしか取材に応じないと宣言していたからだ。私は、平穏な時の週末を狙って小沢邸を訪れるようにしていた。特に懸案がなければ土日に取材に来る記者はまずいない。不在で会えないことのほうが多いが、運がよければ、小沢が秘書や家族と庭先で何かをしている時や愛犬と散歩に出かけるところに出くわす。そんな時は、小沢は驚くほど気楽に雑談に応じてくれた。

休みがなくなるのは痛かった。だが、私は、そうやって三年かけて小沢邸に少しずつ入り込み、住み込みの秘書との距離も縮めていた。

秘書について玄関に入ると、右手に事務室があり、その隣の応接室に小沢がいた。来客用のソファの一番奥に座り、私の顔を見ると「おう」と言った。直前まで誰かと会っていたのか、ネクタイを締めたままでいつもの落ち着いた表情だった。

「エライことになりましたね」と話しかける私に、小沢は「いや、驚いた。金丸会長があんなに蓄財していたとはなあ」と言いながらしきりに左右の掌《てのひら》をこすり合わせている。何かを考えている時の小沢の癖だ。私は、しばらくその手を無言で見ていた。

小沢はこの日の昼、予定していた佐世保行きを取りやめて、急遽私邸に番記者を集めて「懇談」していた。

懇談とは非公式な記者会見のことで通常はオフレコが前提だが、場合によってはオンレコつまりそのまま記事にできる場合もある。

金丸逮捕を受けてのこのオンレコ懇談で、小沢は「政治資金は一円まで透明化すること、政治資金規正法の罰則強化も実行すること、そして、腐敗を生む中選挙区制を変えるための選挙制度改革も一括して進めることが必要だ」と強調した。あくまで強気で、この事態を機に改革を加速すべきだというのである。

しかし、マスコミ各社の見方は厳しかった。確かに金丸逮捕によって、いまの自民党政治に対する世論の見方は一層厳しくなり、選挙制度改革を含めて抜本的に改革を進めろ、との声が強まることは間違いない。

一方で、政治不信を招いている最大の要因は、前年の金丸への五億円献金問題以来起きている竹下派を巡る政治とカネの問題だ。選挙制度改革よりも腐敗防止策を先行すべきだとの主張も勢いを増しそうだった。

現に、反小沢グループとして存在感を増しつつあったＹＫＫトリオの一人、郵政相の小泉純一郎は、「こんな時に選挙制度を論ずるよりも政治とカネの問題を解決することが優先課題だ」と吠えていたし、残る加藤紘一と山崎拓も、「竹下派の金権体質が露呈した。その真ん中にいた小沢に改革を語る資格はない」と批判していた。

深沢に来る前、私は政治部での短い打ち合わせに顔を出していた。そこでの情報交換でも、選挙制度にせよ腐敗防止策にせよ、この国会で政治改革に関して具体的な成果を上げられないと宮澤政権は失速するだろうとの見方で一致していた。

なかには、「これで金丸・竹下の流れをくむ小渕派、羽田派の双方がダメージを受けて、結果的に宮澤の求心力が増すのではないか」と見立てる記者もいた。しかし、自民党内の主導権を握れたとしても、それで野党を動かせるかどうかは別問題だ。

いずれにしても宮澤と自民党執行部にとって、難しい局面になるのは間違いない。

もう一つ、見方が一致したのは、仮に小沢が懇談で話したように選挙制度改革を含めた抜本改革を断行したとしても、金丸直系と言われる小沢の影響力は著しく低下するだろうということだった。

小沢は、場合によっては野党勢力と連携し、倒閣・新党結成といった行動に出る可能性もあると匂わせることで発言力を確保してきた。しかし、野党側が今後も小沢と組むのをよしとするだろうか。私は、難しいと思っていた。果たして小沢の強気の攻めが世間に通用するのだろうか。何か策があるのだろうか。私はそれを探るために密かに小沢に接触したのだ。

私邸の応接室で、しばらく考え込んでいた小沢だったが、独り言のようにポツリと言った。

「宮澤総理は前日には大蔵省から逮捕の情報を聞いていたらしい。地検とタッグを組んだ国税は大蔵省の組織だ。総理でも検察の捜査を止めることなどできないが、宮澤さんは金丸会長のことを嫌いだったからな。田中のオヤジの時もそうだった。ロッキード事件は当時総理だった三木（武夫）が黙っていたから検察もやれたんだ。権力とはそういうもんだ……」

何気ない言い方だったが、検察が動いたことで状況が厳しくなったことは確かだ。政治改革を巡る闘い方も変えざるを得ないのではないか。そう思い私は聞いた。

「しかしこれで、政治とカネの問題への批判が厳しくなるのは間違いないと思います。すると宮澤総理も梶山幹事長も、政治改革を進めざるを得ない状況になりませんか」

「そうだ。宮澤さんは追い込まれるよ。梶さんだってそうだ。わが派以外にも自民党の若手の中には、政治改革をやれないのなら脱党するというのが結構いるそうじゃないか。執行部もポーズだけで何もしないわけにはいかんだろう」

私はあえて聞いた。

「一方で金丸・竹下直系の小沢は動けなくなると言う人も結構います。むしろいままでより批判は強まるかもしれない。これはやっかいじゃないですか」

「そこは、どうかな……」と小沢は目を閉じ、しばらく考え込んだ。

表情は普段と変わらないが、眉間に少ししわを寄せている。さすがに、内心は不安や動揺もあるのだろう……。

やがて、目を開けると言った。

「しかし、面白いじゃないか。これで渡ってきた橋を焼き落とすしかなくなった。それは梶さんたちも一緒だ。みんな後戻りはできなくなったということだ。生きるか死ぬか、これからが本当の権力闘争だ」

小沢は立ち上がった。

「今日のところはそこまでだ。後は、お天道様に聞いてくれ、だな」

そう言うと母屋へ立ち去ろうとした。私も、「そうですか。なるようにしかならない、ということですね」と言って立ち上がった。

「金丸逮捕という重大事態に直面したからこそ、政治改革を前進させるしかない」

昼間の小沢発言が単なる強がりなのか、それとも何か勝算があるのか、これだけでは判然としない。しかし、私は深追いしなかった。小沢は何事かを考えている。まだ答えが見つからないのだろう。いまはまだ待つしかない。

ただ一つ、はっきりしたのは、小沢はこの事態を「権力闘争」と位置づけ、真正面から向かっていく決意を固めたのだということだ。

分裂加速

小沢の私邸を訪れた後、私は再び小沢の最側近・中西が住む麴町のマンションに向かった。

マンション前の路上には既にマスコミの社旗をつけた黒塗りのハイヤーが数台駐車していた。少し離れた路地にハイヤーを停め、ＮＨＫの社旗を外して待つ。

しばらくするとマンションから数人の記者が出てきた。彼らを乗せた車が見えなくなってから、車載電話で中西の自宅に電話を入れた。

「これから行きます」

中西の部屋がある七階までエレベーターで上がった。部屋では、いくらか疲れた様子で中西が待っていた。

私は、挨拶もそこそこに単刀直入に質問した。

「自民党も野党も蜂の巣をつついたような騒ぎになってますね。政治改革どころじゃないと言う議員もいる。これからどうなりますか」

中西はひと言、「シナリオが狂った」と言った。やはり小沢たちの想定とは違う展開になっている。

私は気になっていることを尋ねた。

「政治改革を進めろとの圧力は強まるでしょうから、執行部も苦しいと思います。それにしても、小沢さんは動けないのではないですか。野党の中でも証人喚問で何とか乗り切った『ケジメ論』が再燃するんじゃないかな」

中西はニヤリと笑いを浮かべ、こう言った。

「ケジメ論ね。それは離党しろということか？　ならしてやろうじゃないか」

え、という顔をした私に、中西は自分の顔の前で手を振って「冗談だ」という仕草を見せながら続けた。

「まあ冗談じゃなく、これで分裂が加速するかもしれんぞ。実は、社会党の連中とも連合の山岸（章）会長とも話した。自動車総連の得本（輝人《てるひと》）会長も応援すると言ってくれている。お前さんも知っての通り、自民党の中にも羽田派以外に二十人ほど離党したいと言うのがおる。政治改革法案を成立させたうえで、準備を進めて次の解散総選挙の前後に新党を旗揚げする、そういうシナリオだった。タイミングは、もう少し先を狙って準備しておったが、動きが急になってきた。正直なところ展開は読めていない。出たとこ勝負になるな」

こうした取材ではメモは取らない。話を聞きながら、「分裂加速」「山岸」「得本」「若手二十」と、固有名詞や数字を頭に刻んで、部屋を出てから手帖に記録する。

事態は、思わぬ具合に転がりだしたようだ。私は、徐々に体内にアドレナリンが回り始めているのを感じていた。

展開によっては、いよいよ小沢が自民党を飛び出す決断をするかもしれない。そうなれば、その結果がうまくいくかどうかは別として、新年会で聞いた「歴史的な動き」が始まる。私にとっては、「羽田・小沢、自民党離党へ」の一報を他社に先駆けて打てるかどうかが勝負だ。その時が近づいているのかもしれない……。

しかし、政治部に戻り、ほかの記者と情報交換してみると、野党陣営の反応は複雑だった。

社会党では、委員長の山花貞夫らが、小選挙区制と比例代表を組み合わせる「併用制」の提案を目指していた。単純小選挙区を主張する自民党案に対して、反対するだけでは支持が得られないとの判断からだ。

比例代表との併用制はドイツ方式を手本にしたもので、少数政党の議席も一定程度保障される。公明党などのほかの野党との共闘もしやすい。政治改革の一点では羽田・小沢のグループとも接触していた。

また、山花のもと、当選一回ながら党書記長に大抜擢された赤松広隆ら、従来の万年野党の体質からの脱皮を目指す若手議員らが、公明・民社の中道勢力や日本新党などの保守勢力との連携も視野に入れて活発に動き始めていた。江田五月が旗揚げした政策集団「シリウス」とも連携し、自民党の一部との連携さえ否定しなくなっていた。

一方、そうした動きを苦々しく思い、警戒していたのが、国対委員長の村山富市ら「政治改革慎重派」の議員たちだった。

村山にとっては社会党の存続こそが最優先の課題であり、長年自民党との阿吽《あうん》の呼吸で国会を運営してきた「自社五五年体制」こそが最も適切な政治の在り方だった。様々な軋《あつ》轢《れき》があっても、自社で交渉して国会を切り回し、互いに相手の顔を立てながら落としどころを探る。それが政治の安定にも役立った。

その背景には中選挙区の下で、激しい同士討ちを繰り広げる自民党とは違って、社会党は候補者を絞ることで、確実に一議席を獲得する戦略を取っているという事情があった。一九五五年の左右合同直後の選挙を最後に、社会党は衆議院の過半数を超える候補者を擁立していない。初めから単独で政権を取るつもりはなかったのだ。

しかし、一人を選ぶ小選挙区制では、自民党に勝つのは難しい。むしろ社会党は危機にさらされるかもしれない。村山たちは、併用制であっても小選挙区の導入には強く反対していた。

そんななかで起きた金丸逮捕である。村山は直ちに、選挙制度改革よりまず政治とカネの問題の解決、真相究明と腐敗防止策を優先すべきだと声を上げた。

金丸逮捕によって、その直系ともいえる羽田派、特に小沢に対する拒否感は社会党全体に再び強まっていた。村山らはそこを見ながら「選挙制度の前に腐敗防止」と強調することで、羽田・小沢グループに近づこうとする党内の若手議員らを牽制しようとしていたのだ。村山らからは「小沢のケジメは議員辞職だ」と厳しい声すら出ていた。

やはり、そう簡単にはいかないか――政界全体を見回すと、小沢の前には容易に乗り越えられない障壁がいくつも横たわっている。

「これからが本当の権力闘争だ」

小沢の言葉がいつまでも私の脳裏に響いていた。

万年野党

金丸逮捕から五日後の三月十一日午前九時。衆議院第二議員会館の地下にある第四会議室で政策集団「シリウス」の緊急会合が開かれた。

シリウスは社民連代表の江田が、社会党など社民連以外の議員にも呼びかけて旗揚げした議員集団だ。シリウスの名称は、社会党の構造改革派として知られた亡父の江田三郎が、戦前、獄中にあった時に冬の夜空に輝くシリウスに希望を託していたエピソードから名付けたという。

「議員二十五年　政権とれず　恥かしや」の句を残した三郎は、万年野党である社会党の体質を改革して政権を窺える党にすることを目指しながら、志を遂げられず死去した。

裁判官を辞めて、その父の跡を継いだ江田は、「政界再編」「政権交代」への強い思いも引き継いでいた。自民党の最高実力者と言われた金丸の逮捕によって、かつてないほど自民党政治への批判と政治の刷新を求める世論が高まっている。江田には、大きなチャンスが近づいている確信があった。

会の冒頭、小柄だが「古式泳法」で鍛えた身体の江田は背筋を真っ直ぐに伸ばして、こう切り出した。

「金丸逮捕の緊急事態で、政界再編の動きが止まったとか、自社体制が強まると言う人がいるが、そんなことはない。これで羽田・小沢も自民党を飛び出すしか選択肢はなくなったのではないか」

メモを取っていた私は「あっ」と思った。数日前に発売された雑誌『月刊Ａｓａｈｉ』（一九九三年四月号）で、江田は小沢と対談している。この中で江田は、小沢の政治手法や体質の問題に最後まで疑問を呈しながらも、政界再編にかける小沢の覚悟に期待する発言をしていた。

〈やっぱり一発ズドーンと引き金を引くのは、小沢さんたちが自民党を飛び出すということだろう、と僕は思いますよ。（笑い）〉

対談の時点では、半ば冗談のつもりだったのだろうが、政治は当事者の予想を超えて大きく動くことがある。問題は、その機会を逃さずに決断し、行動していけるかどうかだ。

江田は両手の拳を強く握りしめ、何者かを睨みつけるような眼をして結んだ。

「羽田派が自民党を飛び出すようなことになれば、対岸の火事は大きいほうが面白いと言っていられない。身を切り刻みながら、みんなで政治を変える動きをつくらなければならない」

私は、金丸逮捕翌日に聞いた小沢の言葉を思い出していた。

「これで渡ってきた橋を焼き落とすしかなくなった。みんな後戻りはできなくなったということだ……」

退路を断たれたのは小沢たちだけではなく、江田も同じだ。自社五五年体制の厚く堅牢《けんろう》な壁を壊して、新しい政治をつくろうと思えば、この機に行動を起こすしかない。万年野党のぬるま湯に浸かっているわけにはいかなくなる。この事態で江田も、野党議員として経験したことのない政権を巡る争いに踏み込む覚悟を迫られていたのだ。

その日の夜、私は民社党書記長の米沢と再び麻布十番の小料理屋にいた。今度は、数人の他社の記者と一緒だった。

私たちの関心は言うまでもなく、金丸逮捕を受けて民社党はどう対応するのかだった。委員長の大内が「腐敗防止策を優先すべきだ」と発言したこともあって、連合や公明との連携を進めてきた米沢のスタンスは変わるのかどうか。

私たちの問いに、米沢は普段通りのポーカーフェイスだった。だが、はっきりとした口調で言った。

「確かに自民党は崖っぷちだ。政治改革の議論は加速するだろう。問題は、俺たちが考えていた展開とは違ってきたということだ。シナリオが狂った」

おや、と私は思った。中西の言い方と似ている。米沢も、この事態で自民党分裂が進むと考えているのだろうか。あえて反対方向から質問してみた。

「しかし、金丸直系の羽田・小沢が政治改革と言っても説得力はありませんよね。やはり羽田さん、小沢さんは動きにくくなりますよね」

「バカモン、逆だ。小沢も羽田も、金丸と一緒に沈むのを避けるためには、自民党を飛び出すしかなくなる。そうなれば政界再編だ。動きが早まるかもしれん」

米沢は強く否定した。そして、こう続けた。

「お前たちは気楽に政界再編をやれとか言うが、国会議員もいろいろな事情がある。選挙区をどうするのか、カネと組織を動かせるのか。小さいといっても政党をまとめていくのは大ごとなんだ。もっと勉強しろバカモン」

口調はいつもと同じで、眼鏡の奥の目は笑っている。私は、むしろ機嫌は悪くないと思った。だが、そう言いながらも米沢は少し緊張し、何かを考え込んでいるようにも見えた。

その後はいつものように米沢は日本酒を手酌であおり続けた。たわいのない噂話やマスコミの悪口で盛り上がったが、珍しく二次会に行こうとも言わず、早々と帰宅した。

店から米沢を送り出した時、ある親しい記者が小声で聞いてきた。

「書記長、今日は妙に真剣だったと思わないか。裏で何か動いているのだろうか。あんた、小沢サイドの情報を持ってるんじゃないか」

この記者とは所属する会社は違うが、初任地以来の付き合いだ。互いの自民党の取材先も薄々知っていた。

「小沢が追い詰められているのは確かだと思うけど、本当に自民党を飛び出せるか、と聞かれれば、常識的にはなかなかハードルは高いと思うよ」

私は、思っていることを正直に言った。

「ふん。まあそれが常識だろうな。だけど、俺は何か気持ち悪い。自民党の中の雰囲気は、相当おかしくなっている。何が起きるか分からないような気がするんだ」

私はその記者の勘に一目置いていたので、確かに常識にとらわれていると何かを逃してしまうのでは、とますます不安になった。

翌十二日には日本新党代表の細川護熙《もりひろ》が福岡市での講演で「羽田派は自民党を離れるだろう。そうなれば共同歩調を取ることもあり得る」と述べた。

細川は朝日新聞記者から国政を目指して田中角栄の門を叩いた後、一九七一年の参院選挙で自民党から初当選、二期目の任期途中で熊本県知事に転身した。そして地方自治に限界を感じて国政復帰を決意。たった一人で日本新党を立ち上げて、一九九二年の選挙で当選し、参院議員に戻っていた。新党を立ち上げる前から、同じ田中派出身の小沢とも度々接触があった。

自民党議員、県知事の経験から、五五年体制の問題点や既成政党での改革の限界も知り尽くし、だからこそ新党を立ち上げた細川である。いまここで政治を前に進めるには、大胆な行動が必要となる。

「早く自民党を見限って飛び出してこい」

細川は、小沢や羽田にそう言っているように聞こえた。

自民党そのものが存立の危機にあるなかで、退路を断たれた小沢は思い切った行動に出ざるを得ない。その時、政治手法も体質も違う小沢たちと本当に手を組めるのか——野党側の議員たちも「万年野党」の壁を破って新たな世界に飛び出すかどうか、決断を迫られていた。

第3章　改革派と守旧派

自民党幹事長

金丸逮捕で、小沢たちが退路を断たれようとしていたその頃、かつての「ドン」の逮捕によって自民党も大きく揺れていた。

国会議事堂から平河町の交差点に向かって進むと、右手に自民党本部が見えてくる。一九六六年に竣工した地上九階建ての建物は、正面玄関の車寄せに広いスペースが取られ、国会議員や企業・団体関係者の黒塗りの車がひっきりなしに出入りしている。

玄関を入り、エレベーターで四階に上がると、右手に自民党記者クラブ（通称「平河クラブ」）、正面には陳情客などが待機できる応接スペース、そして左手の磨りガラスのドアを入ると幹事長室がある。この部屋を国会議員や地方議員、政府関係者、地元の後援会幹部と思しき人、どこの誰だかよく分からない人、一日中様々な人たちが訪れる。

私たちは「ホコテン（歩行者天国）」と呼んでいた。それだけ人の出入りが多ければ、それに比例して情報が集中することを意味する。情報が集まる所にはカネも集まる。集まったカネを、いつ、誰に、どうやって配るかその配分を決定するのにも情報量が物を言う。それが自民党幹事長の力の源泉でもあった。

その部屋の主、梶山は金丸逮捕を受けて一気に波乱含みになった今後の国会をどう乗り切るか戦略の練り直しを迫られていた。

年初以来、梶山は政治改革を進める目的でつくられた党の正式機関の政治改革推進本部のメンバーに羽田も含めて全ての派閥領袖《りょうしゅう》を加えていた。そうした挙党体制の演出が功を奏して、自民党内の若手議員の不満の声が表向き押さえ込められているように見えた。

一方、野党側も、それぞれの党内で選挙制度改革への温度差が表面化してきたこともあって、むしろ景気対策のための減税要求に的を絞った闘いに転じていた。

このまま波乱なく国会審議が続けば、政治改革の最終的な落としどころも見えてくるのではないか……。

梶山のそんな甘い考えは金丸逮捕によって打ち壊された。とりわけ派閥の跡目を継いだ小渕派への風当たりは強かった。なかでも党運営の要である幹事長ポストに就いていた梶山への逆風は強烈だった。

党の責任者として金丸の腐敗を厳しく批判せざるを得なくなり、同時に自らの反省も強いられる梶山から見ると、小沢の切り替えの早さは驚きだった。

金丸逮捕の後、小沢は、「政治腐敗を生んだのは中選挙区制に問題があるからだ。政治資金の問題を正すだけでなく、中選挙区制を変えることが政治改革だ」と主張していた。小沢と行動をともにしている羽田は、「政治改革ができなければ、自民党を飛び出してもいい」とまで言い始めている。

それだけではない。小沢は梶山らに政治改革に消極的な「守旧派」のレッテルを貼り、メディアで盛んに批判している。自民党内だけでなく、野党の中にも小沢らの主張に与する若手議員が増え始めていた。

跡目争いで敗れたはずなのに、いまや改革派の旗手を標榜している。自分たちの主張を入れないと現体制を破壊するぞ、と言わんばかりだ。小沢や羽田の態度を梶山は「弱者の恫喝だ」と批判していたが、いつのまにか自民党を必死に守っている自分たちが悪役になっている。これから小沢はさらに執行部批判を強めるだろう。だが、幹事長である自分は誰も責めるわけにはいかない。梶山は苦しい心境を胸の内にしまい込んでおくしかなかった。

前年の小沢との竹下派の跡目争いで梶山とともに重要な役割を果たした野中広務も、同じようにショックを受けていた。

竹下派が分裂した後は、小沢についていった若手議員らとの関係修復のため、彼らを刺激するような言動を控え、むしろこっそり声をかけて会合に誘ったりもしていた。時間をかけて羽田・小沢から引き離そうとしていたのだ。さらに梶山と連携して社会党の親しい議員との接触も進めていた。しかし、金丸逮捕を受けて世間の目は改めて厳しくなり、「僕は謹慎する」と表立った行動を控えるようになっていた。

梶山は、小渕派随一、いや自民党内でも抜きん出た強大な権限を持つ幹事長であったが、政局の動きをコントロールする手段が次第に絞られていくのを感じていた。

反小沢

金丸逮捕を受けて動きを活発化させた勢力もあった。反小沢のグループとして結成された山崎拓、加藤紘一、小泉純一郎のＹＫＫトリオに、建設相・中村喜四郎を加えた「ＹＫＫ＋Ｎ」である。梶山・野中に加えて中村もまた、竹下派の跡目を巡って、梶山・野中とともに小沢と激しく対立した。

もともとＹＫＫは赤坂の料亭「金龍」で定期的に会合を持っていたが、この頃には中村を加えたＹＫＫ＋Ｎの四人で頻繁に会うようになっていた。金丸逮捕から二日後の三月八日の夜、金龍にＹＫＫ＋Ｎと通産相の森喜朗が顔を揃えた。

金丸逮捕を受けてどう対応するか話し合ったこの夜の会合のことを山崎は『ＹＫＫ秘録』（講談社刊）で、小沢と激しく対立した中村さえも〈「かくなるうえは党内が結束して、政治改革の実を挙げるため選挙制度改革法案を上程すべきだ」と主張した〉と記している。

ＹＫＫ＋Ｎは選挙制度を変えることで政治資金の問題も解決できると唱える小沢をかね

て批判していたが、その小沢の主張が次第に説得力を持ち始めているという危機感がメンバーを襲っていた。選挙制度改革を求める世論も荒波のように押し寄せている。

そうしたなかでも小泉はあくまで政治改革は腐敗防止、つまり政治とカネ、政治倫理の問題の解決が先だとの方針を変えるべきではないと譲らなかった。郵政相だった小泉は翌日の閣議後の記者会見で「当面国民の関心が高い政治資金の改革を思い切ってやるべきだ」と重ねて発言した。前夜の会合に同席していた森と中村も閣議後の会見では、「政治とカネの改革が先決だ」と平仄《ひょうそく》を合わせた。

ただ、そう訴えるだけではいつまでも世間から支持を得られないのではないか、という不安感は次第に募っていた。

そして結局、ＹＫＫ＋Ｎも野党の「改革派」との連携を模索するようになっていった。この頃、私の手帖には、ＹＫＫ＋Ｎがシリウスの江田や連合の副会長である鷲尾悦也らと接触していた記録が残っている。単に小選挙区に反対するだけでなく、自民党の不祥事に端を発する政治不信に真面目に対処し、実効性のある政治改革を進める姿勢をアピールしたかったのだ。

一方で、自民党内には、小沢とは一線を画しながら密かに離党を考え始めた若手議員のグループがあった。当選二回の議員を中心につくられた「ユートピア政治研究会」だ。

その代表が、当選二回の武村正義《まさよし》だった。自治官僚から滋賀県知事を務めた後、五十一歳で国政に出た武村は、ふくよかな体形に度の強い眼鏡でいかにも温厚そうな風貌から「ムーミン・パパ」の愛称で呼ばれた。その一方で、先輩政治家にも遠慮なくモノを言う図太さも持っていた。自身は三塚派に属していたが、研究会には竹下派の鳩山由紀夫や渡辺派の石破茂らにも声をかけ、派閥横断的なグループになっていた。

武村らは政治とカネに対する世論からの批判の高まりを受けて、政治資金の収支の実態を独自に公表した。その自民党らしからぬ行動には派閥幹部から厳しい目を向けられたが、その分マスコミの注目は集めた。いつしか改革を求める若手議員のリーダーと期待されるようになった武村は、自治官僚や知事の経験も買われて、自民党の政治改革本部の事務局長にも就任していた。

そして、自民党の重鎮で政治改革の必要性を訴え続けていた後藤田正晴の信頼も得て党内での改革を進めながら、内心では、派閥に縛られずに行動するためには党を出るしかないとの思いも次第に強めていたのだ。その頃、同じ知事経験者の細川とも接触を持ち、政治の刷新について意見を交わすうちに将来の新党結成も視野に入れつつあった。

当時から武村は、羽田派とりわけ小沢の政治手法には、強い違和感を持っていた。小沢の狙いは政治改革を標榜しながら、数を頼んで党内での主導権を奪取することであり、それは権力闘争そのものだ。小選挙区制にこだわるのも、権力基盤の強化を狙ったものではないか。武村は、そのような小沢のやり方には否定的で、穏健な考え方に基づく政治改革を着実に進めるのが重要だと考えていた。また、小沢が派閥政治の権化であるだけでなく、新たな安全保障の枠組みを主張していたのもタカ派的だと感じていた。そんな政治家とは行動をともにできないとも思っていた。

この武村の行動原理を、「小沢という大きな存在」にあえて対抗することで自分の存在を大きく見せていたのだ、と見る政治家は少なくない。後に、小沢との対立が抜き差しならないものになっていくなかで武村が著した『小さくともキラリと光る国・日本』(光文社刊)という本の題名も、多分に小沢の『日本改造計画』(講談社刊)にある「普通の国論」へのアンチテーゼを意識したものだった。

政治改革を進めるという大きな目標では一致していた小沢と武村。実はその政治的距離は極めて近かったのだが、双方の心理的距離は最初から大きかった。それは自民党自体の危機が深まっていくなかで、縮小するどころか拡大していたのである。

後年、武村はその頃のことを次のように振り返っている。

〈われわれが問うてきた政治改革のテーマは、要するにこれまでの自民党の金権体質の否定であるけれど、その最たるものが田中角栄さん以来の経世会である。「経世会の否定」という言葉は使わないけれど、頭の中にはそれがあったんですね〉(御厨貴・牧原出編『聞き書　武村正義回顧録』、岩波書店刊)

小沢は、その角栄以来の金権体質にどっぷり浸かってきたからこそ、生半可な改革では改まらない、中選挙区制に基づく五五年体制そのものを変革するには、小選挙区制を導入するしかないと思い詰めていた。それに対して武村は、制度改革とともに金権政治を生み出した田中的、あるいは小沢的なものの体質を変えなければならないと考えていたのである。

後に決定的となる小沢との対立の火種は、自民党時代からくすぶり始めていた。

四月一日木曜日、宮澤は首相官邸で緊急の記者会見に臨んだ。平成五年度予算が前日つまり平成四年度中に成立したのを受けて、首相としての今後の方針を明らかにするためだ。予算が年度内に成立したのは、二十二年ぶりである。バブル崩壊で急激に景気が悪化するなか、政治とカネの問題が政権を揺さぶり続け、三月には金丸が逮捕される衝撃的な事件が永田町を直撃していた。

実は、国会は政治とカネの問題や減税問題で紛糾が続き、審議が進んでは止まり、また進行しては紛糾するといった具合に、文字通り「ほふく前進」のような有り様だったのだが、とにかく予算の年度内成立という結果は出すことができた。

宮澤は珍しく高揚した様子で政治改革をやり遂げると言い切った。

「政治改革法案を今国会に提出し、政治改革をやり抜く。この時期にやらなければ悔いを百年残すことで各党とも一致している。私は不退転《ふたいてん》の決意で臨む」

この宣言を受けて、自民党は翌四月二日に「単純小選挙区制」を柱とする法案を国会に提出した。一方、社会党・公明党もその後に、小選挙区と比例代表を組み合わせた「併用制」を柱とする法案を共同で国会に提出する。社会党内では最後まで異論が出ていたが、公明党の書記長である市川の強烈なプレッシャーもあって執行部が最終的に「併用制」で押し切った。

小沢が言ったように宮澤も梶山も、そして政界の誰もが後戻りできないところに来ていた。そんななかで、宮澤には、政局の主導権を取り戻すためのもう一枚のカードが必要だった。

羽田の外相辞退

政治家の健康問題は、しばしば政局を大きく動かす。四月五日、体調不良が続いていた外相の渡辺美智雄が宮澤に辞意を伝えた。

渡辺は、一九九一年の自民党総裁選で、宮澤、三塚博と海部俊樹政権の後継を争い、一時は小沢の支持を得ながら土壇場《どたんば》で宮澤に先を越されていた。それでも副総理兼外相、つまり内閣のナンバー2として宮澤の次を窺える位置につけていたが、一九九二年五月にがんのため緊急入院していた。退院後も、万全とは言えない状態で激務の外相を続け、この年の春先から再び体調を崩した。辞任は苦渋《くじゅう》の決断だった。

宮澤はこの事態を乗り切るため、翌四月六日の朝、一本の電話をかけた。相手は「政治改革の実現ができなければ離党・新党も辞さない」と態度を硬化させている羽田だった。

平河クラブから私に、「渡辺美智雄外相が辞任した後に羽田を〝一本釣り〟する動きがあるので取材を手伝ってほしい」と連絡があったのは、その日の昼前だった。私は、羽田や小沢のほか、派閥の幹部が集まっている紀尾井町の羽田派の事務所に向かった。

赤坂プリンスホテルと料亭「弁慶橋清水」の間の奥まった場所に紀尾井町戸田ビルがある。その一階が「改革フォーラム21」、前年竹下派から独立した羽田派の派閥事務所だ。小沢は、自分の個人事務所も十全ビルからこの戸田ビルの五階に移していた。

その派閥事務所に十時頃から、羽田、小沢、渡部恒三、奥田敬和ら派閥幹部十人が集まって協議した後、羽田は再び首相官邸に向かったという。

事務所の前には、報道陣が集まっていた。各社の派閥担当記者も入れ替わりが激しく、知っている顔のほうが少ない。私より少し若い旧知の民放記者を捕まえて状況を聞いた。

「どうなってるの？　まさか羽田さん、受けたりしないよね」

「それが、幹部会で受けないと決めたのに、わざわざ官邸に断りに行ったんだって。本人は外相を受けたいんじゃないかとみんなで言っているところ」

「羽田さん、律儀だからなあ。全て任せるから閣内で政治改革を思う存分やってくれ、なんて頼まれたら、ぐらっときちゃうかも。まあ、それが羽田孜だけどね」

「幹部会でも受けるべきだという意見もあったらしいよ。小沢さんも、大反対するかと思ったら黙ってたという話だし。羽田さんは、『断ってくる』と言って官邸に行ったけど、本当のところどうなんだろう」

羽田は、金権腐敗を正すには選挙制度を変えるしかないと熱く訴え「ミスター政治改革」と呼ばれていた。小沢・梶山と初当選同期であり、竹下派七奉行の一人だった。短気で怒りっぽいがどんな相手にも誠実な態度で接する羽田は、政治的に対立した相手からも嫌われなかった。

小沢とは初当選以来、常に行動をともにしてきた親密な関係だった。小沢がマスコミと揉めた時にも「イチロー（小沢）いいかげんにしろよ」と間を取り持ったりもした。小沢も自分に不足している包容力で派閥をまとめてくれる羽田を頼りにしていた。その二人の関係も、後に次第に溝が深まっていくのだが、その兆候はまだない。

宮澤の狙いが、羽田を内閣に取り込んで動きを封じることにあるのは分かっていた。だが、二人は元々親しく、羽田は宮澤が全力で政治改革をやるのなら協力したい気持ちもあった。そんな羽田の気持ちを考えて私は「ぐらっときちゃうかも」と軽口を叩いたのだが、内心は羽田は断るだろうと考えていた。それには理由があった。

バブル崩壊後の景気後退が明確になるなか、経済界の一部には、もはや従来の自民党政治には期待できないと主張する者もいた。政治の抜本的転換を求め、政界再編もやむを得ないという声すら出始めていた。小沢や羽田をはじめとする自民党の改革派と公明・民社などの中道政党、それに日本新党など保守的な勢力がまとまるのであれば、経済界としても受け入れやすい。

そうした経緯から、経済界、労働界、学識経験者を中心とするグループが、前年、「民間政治臨調」を発足させていた。さらに言論界からも多くの報道各社の論説委員らがメンバーに加わっていた。

数々の提言を発表し、国会議員を集めた会合を繰り返していた民間政治臨調に、小沢はあまり顔を見せたことがない。羽田や小沢の最側近の中西は、常連のようにイベントに参加していたが、小沢は一見、関心がないように装っていた。

しかし、宮澤が羽田の一本釣りに動く数日前、私は小沢から興味深い話を聞いていた。JR四ツ谷駅にほど近い「しんみち通り」にある小さな料理屋で、久しぶりにOB記者数人で小沢を招いて会合を開いていた時のことだ。

「梶さんは、自民党案の『単純小選挙区制』を社会・公明案の『併用制』にぶつければ、どちらも簡単には妥協できない。徹底して審議すると言っていれば、いずれ時間切れになる。廃案が難しくても継続審議で仕切り直しに持ち込む。そうすれば『安楽死』だと考えているんだろう」

小沢は、かつての盟友の戦略をそう見立てた。私たちも、宮澤の本音はいま一つ分からないが、少なくとも梶山執行部はそういうシナリオを描いていると見ていた。

「ここまで来ると、自民党案と社会・公明案を一致させるのは難しいですよね。国会で徹底審議と言われるとマスコミも早くやれとは言いにくい。しかし、羽田派も自民党が野党案を呑まないから飛び出す、というのも大義名分にはなりにくいように思いますが」

小沢は、二合徳利の冷酒を小さなグラスに注いだ。心臓病で倒れた後、酒はビール小瓶一本、日本酒二合までと自分でルールを決め、厳密に守っていた。私たちがうっかりお酌しようとすると、「量が分からなくなるからやめろ」と叱られる始末だった。

その冷酒を飲み干して、小沢は言った。

「君たちマスコミは与野党がよく話し合えというんだろう。しかし、それが五五年体制の発想なんだよ。マスコミもその発想に染まっているからダメなんだ。国会対策のテクニカルな話じゃなくて、改革をやるか、やらないかが大事だ。単純小選挙区で押し切ってもいいし、野党案を丸呑みでもいい。要はその決断ができるかどうかだ。宮澤さんに決断力がないのなら、誰かが『時の氏神《うじがみ》』になって外から助け舟を出せばいい」

私たちは、小沢周辺の話として、民間政治臨調が自民党案でも社会・公明案でもない第三の改革案の提案を準備しているとの情報を得ていた。一方で、自民党も社会党も党内をまとめるだけでも、膨大なエネルギーを費やしている。

「しかし、与野党ともこの先さらに修正案をつくる余力がありますかね」

「だから永田町の外から球を投げてもらうのが大事なんだ。『とにかく改革をしろ』という国民の声は、日に日に強まっている。若手が必死なのもそれを直に聞いているからだよ。『時の氏神』に乗るかどうか。それが分かれ道になるんじゃないか」

そう語った小沢は自信に満ちた表情をしていた。

——羽田がこの小沢のシナリオを理解しているとすれば、宮澤の誘いに乗ることはないはずだ。その時の小沢の話を思い出し、私は、宮澤が羽田派の動揺を狙った一手は、むしろ事態を別の方向に動かし始めるような気がしていた。

本会議をはさんで二時間以上も説得した宮澤だが、最終的に羽田が断ると、あっさりと渡辺派の武藤嘉文の起用を決めた。

「最初から、羽田が受けないのを織り込んでいた」とか、「権力闘争に不慣れな宮澤がポストをちらつかせて失敗したのだ」とか、様々な憶測が乱れ飛んだが、宮澤の真意は判然としないままだった。

むしろ、はっきりしたのはこれによって羽田と小沢が、宮澤政権のもとで政治改革を実現する道は事実上なくなったということである。

外相辞退が何を意味するのか、宮澤自身が理解していたかどうかは別だが、翌四月八日付の朝日新聞のインタビューでの羽田の一言がその意味を何よりも言い表していた。

「昨年秋の竹下派分裂でルビコン川を渡り、今度は橋も焼き切った」

これ以降、羽田は「自民党の案にこだわらず、野党案も取り入れて妥協すべきだ」と主張し始める。それだけでなく、「大きな時代の変化に対応するためには、政権交代可能な二大政党が必要だ。そのために我々は行動していく」と新党結成、政界再編を公言するようになっていった。

羽田が外相就任を断るのを待っていたように、梶山も動き出した。

同じく七日、梶山は国会内で社会党国対委員長の村山と密かに会談している。社会党内でも、「党の古い殻を打ち破って、新たな政治に進むべきだ。そのためには、公明、民社はもとより、日本新党やシリウスの江田、さらには羽田派など自民党から飛び出す勢力と手を結んで政権交代を目指すべきだ」との考えに同調する若手議員が徐々に増えている。

しかし、村山は選挙制度改革に慎重なだけでなく、若い政治家が、従来の秩序を破壊することこそが改革だと勘違いしているように思えて仕方がなかった。しかも小沢のようなタカ派の政治家に踊らされている。戦中世代の村山にとっては理解し難いことだった。政治的な立場は違っても同じ戦中派の梶山のほうがよほど信頼できた。

村山と梶山は、羽田の動きに歯止めをかけるため、社会党内での動きを警戒しつつさらに水面下での連携を強めていくことを確認したのだった。

固唾を呑んで事の成り行きを見守っていた江田も、大きな歯車が回り始めたと感じていた。江田はこれも同じく七日、記者会見で興奮気味にこう語った。

「羽田が入閣を断ったことで、政界再編のゴングが鳴った」

トップの羽田を一本釣りして閣内に封じ込めるか、それができないなら非主流派として徹底的に干して動きを抑える。五五年体制下で自民党政権が盤石だった時代なら、効果が期待できた手法だったが、むしろ自民党を飛び出す覚悟を固めつつあった相手には逆効果だった。宮澤の狙いとは裏腹に政局の流動化を速める結果になったのである。

政権をかけた闘いは、次のステージに入ろうとしていた。

テレポリティクス

お台場に移転する前のフジテレビ本社は、新宿区河田町の東京女子医科大学のすぐ近くにあった。「凱旋門《がいせんもん》」と呼ばれていた正門をくぐり、正面玄関から建物に入ると、曲がりくねった迷路のような廊下が続き、エレベーターを乗り継ぎながらようやくスタジオにたどり着く。

NHKもそうだが、テレビ局のスタジオまでの経路はどこも複雑で分かりにくい。テロリストが侵入しても簡単にスタジオを占拠されないように、わざと迷路のような構造にしてあるという都市伝説がどのテレビ局でも語られていた。

四月十一日の日曜日の朝、小沢はフジテレビの『報道2001』のスタジオにいた。日曜朝の情報番組は、一九八九年にスタートしたテレビ朝日の『サンデープロジェクト』が政治ネタを積極的に取り上げたのに続いて、フジテレビも一九九二年に『報道2001』をスタートさせた。どちらも生放送で政治家の本音に切り込むスタイルが人気を呼んでいた。

老舗のNHK『国会討論会』は、金曜夕方に事前収録、日曜朝の放送が原則だった。だが、日々刻々と変化していく社会の動きに機敏に対応し、視聴者のニーズに応えるには、やはり生放送のほうが面白い。『国会討論会』も一九九二年には『討論』と名称を変えて、生放送に切り替えていた。

テレビ放送の技術革新が進んで、生放送もかつてのように手間暇がかからなくなっていた。情報化の進展で、世界のどこかで重大事件が起きると、日本のスタジオでも即座に映像や情報を伝えられる。そうなると、情報番組は生放送が圧倒的に有利だ。そして政治家の側も、生放送番組で素早く、的確な対応ができるかどうかが問われ始めていた。

マスコミ嫌いの評判が定着し、「僕は口下手だから」とテレビ出演より新聞・雑誌のインタビューを好んだ小沢だったが、この頃からはテレビ番組にもむしろ積極的に出演するようになっていた。

本番が始まると、小沢はしきりに不自然な笑顔を浮かべて、ぎこちない受け答えをしている。テレビに出る時は「仏頂面をしないでニコニコするように」と周りから言われていたからだが、話題が政治改革法案になると、普段の強面《こわもて》の顔つきに戻る。口調も次第に厳しくなっていった。

そして羽田が宮澤からの入閣要請を断ったことは、政治改革の法案の行方にも影響を与えるのではないか、との司会者の問いに小沢ははっきりと答えた。

「政治改革法案の成否は、宮澤総理のリーダーシップいかんにかかっている。もしもこれができずに会期延長とか、継続審議になれば、それは総理が不退転の決意でやらなかったということだ」

では、もしそれができなければどうするのか、と司会者が重ねて聞くと小沢は、

「非常に深刻な問題として仲間内で議論しなければならなくなりますね」

と新党結成に向かう可能性を示した。羽田を引きつけて、踏み絵を迫っていた宮澤に対する公共の電波を使った「反撃の狼煙《のろし》」でもあった。

小沢に限らず、この頃から政治家が積極的にテレビ出演するようになっていた。新聞・雑誌の活字メディアよりも手っ取り早く発信できるうえにインパクトが大きい。特に、年功序列で党内での発言を抑え込まれている自民党の若手議員や少数派の野党議員、それに

日本新党のような新興勢力にとっては魅力的な舞台だった。いまや「与党内野党」の位置になりつつあった小沢や羽田にとっても、積極的に自分たちの主張をアピールできる場になっていた。

テレビ出演を増やすことは政局においても重要な意味があった。

「権力闘争」あるいは「権力抗争」という言葉は、マスメディアの論評だけでなく政治家の間でさえ否定的な意味で使われている。前年の竹下派の跡目を争った激闘はもちろんのこと、政治改革の進め方を巡る小沢や羽田の言動は、「自民党内で自分たちの地位を維持するための権力争いだ」「竹下、金丸の金権腐敗政治の批判の矛先をそらすための権力闘争だ」などの厳しい批判にさらされていた。

五五年体制のもとでの権力を巡る闘争は、同じ自民党の中でのポスト、そしてその先にある総理・総裁の座をかけた争いだった。一党支配が固定化し、政権を失う恐れが少ないだけに、それはリーダーの政策や資質の競い合いではなく、必然的に派閥間の「数の力」を争う闘いになる。コップの中の争いは、逆に熾烈なものとなって、カネやポストの約束が飛び交う醜悪なものになっていた。

しかし、リクルート事件や東京佐川急便事件などの政治腐敗が厳しく批判される時代になり、カネに物を言わせるような権力闘争は事実上できなくなった。代わって「改革」や「刷新」といった言葉、政治家の個性・発信力が政争の決め手の一つとなる。

新聞・雑誌などの活字媒体の役割も重要だったが、テレビの場合、視聴率で「誰が受けるか」「何を言えば人々が反応するか」が瞬時に分かる。すると、テレビ局の側も〝数字が取れる〟つまり、「イメージがよい政治家」「分かりやすい言動」を多く取り上げるようになっていく。明快な主張が世論の支持を集め、それをさらにテレビが取り上げるという情報の循環ができあがる。この循環に乗りさえすればテレビを通じて支持を獲得することが可能だった。

小沢が「改革派」「守旧派」という分かりやすい色分けで政敵を攻撃したのもこのテレビメディアの特性を理解していたからだ。この時代の権力闘争は、メディアを通じて永田町の外側、つまり大衆の支持を増やすことで多数派を形成する闘いに変わろうとしていたのだ。

そして、いつの時代もそうだが、既存の仕組みを維持するよりも、新機軸を切り開き、改革すると言ったほうが支持を集めやすい。テレビに登場する頻度は小沢たちをはじめ、新党や政界再編といった新しい政治の枠組みを訴える側が、次第に多くなっていた。

テレビを使って政治を動かす。あるいはテレビが政策決定に大きな影響を与える。テレポリティクスと呼ばれる時代が始まっていた。

時の氏神

四月十七日土曜日の午後三時過ぎ、ホテル・ニューオータニの宴会場で「民間政治臨調」が緊急記者会見を開いた。選挙制度改革についての独自案、「小選挙区比例代表連用制」を発表するためだった。

記者会見で会長の亀井正夫（住友電工相談役）はこう訴えた。

「自民党の単純小選挙区案と社会・公明の小選挙区比例代表併用制案は、国会で審議は始まったが、どちらも長短があり、審議は平行線だ。既に議論は尽くされているので、この連用制案をたたき台にして与野党で歩み寄ってほしい」

小沢が言っていたように、与野党案がぶつかり合って膠着《こうちゃく》状態に入ろうとしている時に、外部から第三の案が出された。この「連用制」は、海部内閣時代に自民党が党議決定した「小選挙区比例代表並立制」を下敷きにして、「並立制」の欠点を補うかたちで野党が現有勢力に近い議席獲得を期待できる仕組みだった。細かい部分はともかく、一度は自民党が提案した案に近い。

一方の社会党も、現有議席が期待できる案を示されて、それでも一切妥協しない態度を続けることは難しいはずだ。経済界や連合、学者やマスメディアの有力者が加わった「時の氏神」が現れたことで、本気で政治改革法案の成立を目指すのかどうか、各党が踏み絵を迫られることになる。私は、少なくともここまでは、小沢が私たちに匂わせた通りの展開になっていると思った。だが問題は、各党がこのシナリオに乗ってくるかどうかである。

翌日の四月十八日の日曜日には、ＮＨＫ、フジテレビ、テレビ朝日の三社は、揃ってこの問題を取り上げた。ＮＨＫは各党の党首クラスを揃え、民放二社では、幹事長、書記長や派閥領袖ら多様な出演者が活発に議論した。

ここで一つはっきりしたのが、社会党と公明党の温度差だった。公明党は委員長の石田幸四郎や書記長の市川が揃って「検討に値する」と表明したが、社会党委員長の山花らは「比例代表を重視する立場から見ると、いささか疑問だ」と慎重な姿勢を示した。

自民党も複雑だった。政調会長の三塚博は、「与野党の中間案。議論すべきだ」と前向きの姿勢を示したが、官房長官の河野洋平は、「立派な案だが、異なる思想を足して二で割ろうとすると、どこに思想があるのか」とやんわり批判した。守旧派の梶山は沈黙している。羽田は、当然のように「検討に値する」と遊説先の仙台市で言っていた。

与野党ともに、推進派と慎重派の対立を抱え、まだら模様の反応だ。とはいえ、膠着状態が続くかと思われた政治改革論議が、また一つ新たなステージに移ったことは間違いない。法案をどう評価するか、という段階から、そのためにどんな行動を取るのかが問われ始めていた。

「一・六戦争」は激化する一方だった

決裂

「だいたい君らは僕がテレビや新聞で言っていることを全く信用してないじゃないか。宮澤さんが選挙制度改革を本気でやると言うなら全力で支える。何もやらないのならバイバイだ。単純だろう？　君らが変なことばかり書くから、世の中の人が惑わされるんだ」

小沢は、笑いながら、そう苦情を言った。五月二十二日、虎ノ門の愛宕神社近くの中華料理店「菜根」で歴代の小沢番記者が開いた誕生会でのことだ。二日後の二十四日で五十一歳となる。

小沢は、羽田が宮澤からの外相就任要請を断り、「ルビコン川を渡って橋を焼き切った」と宣言して以来、テレビ出演や記者とのオンレコの懇談に積極的に応じていた。民間政治臨調が「連用制」の独自案を提案した後は、「改革を進めるならば宮澤政権を支える」から「改革が実現できなければ内閣を倒す」と発言が徐々に先鋭化していた。五月半ばには、経済企画庁長官の船田元と科学技術庁長官の中島衛の羽田派の二人の閣僚にも、いざという時は辞任する覚悟を求めていた。

それでも、マスコミの多くは、「なぜ早く離党しないのか」「やはり自民党内の権力闘争が目的ではないのか」などと小沢の行動に対して懐疑的な論調で溢れていた。各社の歴代の小沢番二十人余りが久しぶりに揃った席だったが、私たちも本当に離党なんかできるのですかとしつこく聞いていた。

それにも小沢は終始上機嫌で「いよいよ勝負の時が近づいている。僕を信用しろ」と繰り返していた。

いつものように、私たちも簡単には納得しない。

「政治家が本当のことを言うわけがないだろう、信用するなと言ったのは小沢先生ですよね」

「それは、君らがちゃんと理解して書かないからだ。僕は、中身を話さないことはあるが、嘘は言わないだろう」

「えー、そうだったかなあ」と、腑に落ちない表情の私たちに小沢は笑いながら言った。

「いや、これは本当だって。宮澤さんも梶さんも、法案をまとめないと大変なことになるのは分かっている。しかし、僕やツトムちゃん（羽田孜）がいくら言っても、ハッタリだと思っているんだろう。自民党で散々美味い飯を食ってきた僕らが、野党になんかなれないと思っているんだ。世間のことが見えていないんだろうな。何度も言っているように、日本はいままで通りでは済まない。安全保障も経済も、アメリカの言うことさえ聞いていればうまくいく時代は終わったんだ。政治の枠組みを変えないと生き残れないところに来ている。だからこれは歴史的な必然。本当に君らの想像を超える展開になるよ。いよいよ政界再編だ」

小沢は、宮澤が法案成立を決断しなければ離党すると明確に言った。当時の政治家や政治記者の多くは、自民党のど真ん中で並みの政治家では望んでも得られない地位を得てきた小沢が、あえてそれを捨て去って野党になることなどあり得ないと思っていた。だが、小沢は改革ができない自民党は所詮、歴史のなかで朽ち果てていく運命だと割り切っていたのだろう。そうだとすれば、自民党を離党して新たな勢力を結集したほうが、トップへの近道になる可能性がある。

しかし、五五年体制が築かれてから長い間政権交代は起きていない。永田町では、それはあまりに非現実的なことだった。

私は、自信たっぷりに大笑いする小沢を見ながら、本当にシナリオができているのだろうかとなお確信は持てなかった。ただ、少なくとも正月の初夢よりはかなり現実味が出てきたなと感じていた。

手洗いに立ったついでに、いまの話をメモしようと衆議院手帖を開いた。

そして五月二十二日の欄に「17時愛宕」「歴史的必然」「政界再編」と書いたところで、なぜか続きが思い浮かばず、後は何も書き込めないまま談笑の輪の中に戻っていた。


最終決着が近づくなかで、梶山も小沢の真意を探ろうとしていた。正面から激突すれば、仮に勝つことができても自分も深手を負いかねない。妥協の道はないのか、最後の腹の探り合いが必要だった。

五月二十四日の誕生日を迎えたその日、小沢はホテルオークラで梶山と極秘に会っている。小沢と梶山が向き合うのは七か月ぶりのことだった。

『梶山静六　死に顔に笑みをたたえて』(田崎史郎著、講談社刊)によると、小沢が梶山に幹事長辞任を求めて激しいやりとりになった末に話し合いは決裂。梶山は、ここで初めて小沢の離党を選択肢に入れたという。

一方、小沢は『語る』（小林泰一郎構成、文藝春秋刊）の中でこう述べている。

〈その時、彼は並立制まで妥協して、何とか成立させたい、と言った。だから僕は、それならよかろうと思って、支持するよ、と言った。野党がそこまで乗ってくるかどうかわからんけど、僕は信じたんです。ところが、全然実行されなかった〉

いずれにしても、一・六戦争が最終決戦に向けて際どさを増すなかで、双方が激突を回避する最後の道を探ろうとして、それができないことを確信した会談だった。

第4章　迷走する総理

日本改造計画

平成の幕開けは、長年にわたる自民党一党支配で政界に溜まった膿《うみ》や淀《よど》みが噴き出すような状況で始まった。

一九八九年、平成改元とともにリクルート事件の捜査が政権中枢にまで及び竹下内閣が崩壊。続く宇野内閣も首相の女性問題が報じられ、同年の参院選で自民党は歴史的敗北を喫した。その後、政治改革を掲げて発足した海部内閣は、世論の支持は高かったが、一九九〇年に起きたイラクのクウェート侵攻による湾岸危機への対応で迷走し、政治改革を巡る自民党内の対立によって退陣に追いこまれた。

国際貢献という名の新たな安全保障政策、昭和の終わりとともにバブルがはじけた経済の不振、そして政治不信と選挙制度改革。自民党だけでなく社会党をはじめ政界の全ての組織と個人が、新たな時代に適応するための変化を迫られた。

しかし、政治刷新の焦点は、スキャンダルと自民党の内紛に揉みくちゃにされながら、次第に小選挙区制の導入による制度改革へと移った。信用が地に堕ちた自民党を根本から改革するのは当然として、それが選挙制度とどう結びつくのか。結局、小沢たちが力を維持するための権力闘争の道具に過ぎないのではないか。そんな疑問や批判の声がマスコミを中心に根強くあった。

なぜ選挙制度改革が必要なのか。一九九三年五月二十日、小沢は、日本を変える処方箋だとして出版した『日本改造計画』(講談社刊)で一つの答えを示した。

発売を前に記者会見した小沢は、「僕の考え方が全部ここにある。この本が出せることは政治家としては本望」と感慨を込めて語っていた。

小沢は、執筆にあたって若手の学者や官僚との勉強会を二年間にわたって重ねている。そのためか、記述の端々に既成の政策や制度論にとらわれない新しい考え方が展開されていた。

出版されて早々、「グランド・キャニオンには柵がない」という表現は、新自由主義的な自己責任論を強調したものだと論議を呼んだ。日本人は過剰な保護や規制を求めて自由を軽視している。自分の行動は自分で判断すべきだと言い切ったからだ。

さらに冷戦終結後の国際秩序のなかで日本は軍事面も含めた応分の負担をする〝普通の国〟になるべきだとする主張も、「国連中心主義のもと平和創出に積極的に貢献する新しい発想だ」「いや、軍事大国を目指すタカ派の論理だ」と論争になった。

一方で、「護送船団方式」で経済成長ができた時代は終わったとの認識に立ち、従来の規制や慣行に縛られない自立した個人と社会を目指す考え方を体系的に打ち出したことは論壇でも一定の評価を受けた。政治家の本としては異例の七十万部以上を売り上げ、ベストセラーになっている。

そして小選挙区制に変える目的については、自民党の生き残り策ではなく、むしろ選挙によって選ばれた政権が強いリーダーシップのもとで政策を実行し、それに失敗したら再び選挙で交代させられるという政治のダイナミズムを実現するためだとしている。一人を選ぶ小選挙区制にすれば必然的に二大政党的な構造が生まれ、政権交代も起きやすくなり、それだけ政治に緊張感がもたらされるというのだ。

小選挙区制の特徴である「民意の集約機能」で、強いリーダーシップを持つ首相が責任を持って政策を実行できる政権がつくられる。そして、その結果が悪ければ、有権者がまた選挙によって政権を交代させる。時代が大きな転換点にあるなかで、外交・安全保障政策にせよ経済財政政策にせよ、思い切った政策変更をしようとすれば、「政権選択」と「政権交代」を確立する以外にない。それが『日本改造計画』で小沢が主張したことの核心だった。

一方で、小沢自身が言うように、こうした強力な政治的リーダーシップを発揮するためには、それを支える強い権力基盤、つまり幅広い支持集団をつくることが重要となる。その意味では、側近が次々に離れ、マスコミとも度々衝突し、終始「悪役イメージ」がつきまとう政治家が、幅広い支持を集めることができるのか。小沢本人にとっても難しい問題になっていた。

空回り

通常国会は六月二十日の会期末まで、一か月を切っていた。

議員同士の質疑は活発に交わされていたが、法案をどう修正するのか、与野党の歩み寄りは一向に見られない。小沢は宮澤首相に対し、五月末までに結論を出すよう繰り返し求めたが、自民党執行部は動かず膠着状態が続いていた。

そんななか、メディアの間では小沢はむしろ離党に慎重になっているとの見方が出始めていた。一部には、小沢が副総理の後藤田と水面下で接触しているという情報も流れていた。宮澤が決断すれば、後藤田とも連携して自民党内の改革派を糾合して主導権を握る。もし宮澤が決断できなくても、後藤田を担いで宮澤内閣を倒し、野党の協力で一気に政治改革政権を樹立するというのだ。

小沢は、五月二十五日付の朝日新聞に掲載されたインタビューで直接的な表現を避けながらも、構想の一端を明らかにした。

〈——羽田派内では「後藤田正晴副総理・法相をかついでは」という話も耳にします。「後藤田さんは首相に一番影響力を持っている。まず首相に働き掛けてほしい。首相がやらないとなったとき、副総理がどう動くかはわからないが、政治改革を熱心に推進してきた人だということはわれわれも十分に認識している」

——「新党結成」など、政界再変はひとまず先延ばし、ということですか。

「それも選択肢のひとつ。既存の政治の枠組みを壊し、新しい政治をつくるうえで、そういう切り口から入る方法もある。ただ、政治の改革を実現するのに一番いい方法を見いだすべきだ。政界再編も政治を変える手段のひとつだが、現時点では、一番スムーズに政治を変革できるのは選挙制度の改革であり、インパクトも大きい」〉

この頃、永田町の「ゴールデン・トライアングル」の近くにある料亭「満ん賀ん」では、羽田派の幹部が連夜にわたって会合を開いていた。

小沢が梶山と極秘に会談した五月二十四日の夜も、ここに羽田派の幹部六人が集まった。元々、小沢と誕生日が同じ渡部恒三と合同の誕生祝いを開くはずだったが、梶山との会談の報告も兼ねて、羽田、小沢、渡部、奥田敬和ら派閥幹部の情報交換の会合に代わっていた。

あえて宮澤にプレッシャーをかけ続けてきたが、その成果は上がっただろうか。自民党内に変化の兆しはあるのだろうか……。

小沢は、昼間の梶山との会談が不調に終わったことを報告し、羽田は、その直前に宮澤や後藤田と会った時の感触として、こう話した。

「宮澤総理自身は、党議拘束を見直して野党と妥協したほうがいいと考えているようだ。梶山や総務会長の佐藤孝行ら執行部が固くて困ると言っていた。後藤田さんは、やはり慎重だ。もう少し様子を見るべきであろうと思う」

羽田は後藤田とも親しく、宮澤から外相を打診された時も相談していた。後藤田が立ってくれれば、羽田派以外の若手も決起するかもしれない期待もある。しかし、肝心の後藤田はその気を見せない。結局、決め手になる情報もないまま、様子見の状況が続いていた。

ここで、宮澤を見限って自民党を飛び出しても、それで政治改革法案が成立する見通しは立たない。梶山幹事長ら執行部の態度が変わらない限り、小沢にとってもそれは危険な賭けのはずだ。一つ間違えれば、離党さえできずに単なる自民党内の造反で終わってしまう。そうなると、少数派閥として「冷や飯」を食い続けるか、切り崩しにあって、バラバラになるか。いずれにしても小沢が「僕の宝物」と言う若手議員の多くを道連れにすることになる。いかに口では強気なことを言っても小沢には、まだ迷いや躊躇があるのではないか。私は、そう見ていた。

梶山は、極秘会談で小沢の離党を選択肢に入れた。しかし慎重な小沢のことだ。党を飛び出す前に宮澤の外堀を埋めて野党側との妥協を迫る作戦に動くだろうとも考えていた。

ここで中途半端な譲歩を許せば、ズルズルと小沢のペースに持っていかれる。野党側は、「連用制」にさらに若干の修正を加えた案でまとまりそうな気配だ。それを考えると、限りなくその案に近づけた妥協案を出さざるを得なくなる。しかし、党内には、どんなかたちでも小選挙区制を導入する案に強固な反対派が相当数いる。それでは小沢グループ以上の大分裂になりかねない。

梶山は、小沢の恫喝に屈せず、むしろ小沢についていく人間を最小限に抑えることで、危機を乗り越える戦略を取り始めていた。前年の竹下派の分裂では、竹下ら派閥幹部を総動員して小沢系の議員を切り崩し、多数を制しているという「成功体験」もあった。問題は、そんな修羅場を越えていく腹積もりが宮澤にあるかどうかだった。

宮澤は、再三、何とか案をまとめられないかと梶山に話していた。「単純小選挙区」がだめなら、「並立制」でもいいのではないか。それなら野党側も歩み寄ってくるのではないか。そこまで譲歩すれば、仮に成立しなくても自民党の面目は保たれるのではないか。宮澤は、梶山に何とか党内をとりまとめてほしいと求め続けていた。

しかし梶山は、自民党に圧倒的に有利な「単純小選挙区制以外に一切妥協しない」と反対派を説得してようやく自民党案をまとめていた。その決定を見直すとなると、強硬な反対派の石原慎太郎や亀井静香らのグループ、宮澤の次を狙う加藤紘一が山崎拓、小泉純一郎とつくったYKKグループが、大反発するにちがいない。強引に並立制に変更すると、それこそ自民党が分裂しかねない。それに社会党は「並立制」は絶対に呑まないとして、宮澤の要請を突っぱねていた。

五月下旬、宮澤は、副総理の後藤田をはじめ、慎重派の重鎮、中曾根康弘元首相、さらには、梶山や羽田とも会談を重ねた。しかし、思いはバラバラで方向性は見いだせない。

宮澤の思いは空回りのまま五月が終わろうとしていた。

挑発

自民党と官僚組織が二人三脚で国家を運営し、万年野党の座に安住する野党第一党が事実上その枠組みを支える――それが長年かかって築かれてきた「五五年体制」であった。しかし、国際環境の変化に対応できず制度疲労が進むなかで、金銭スキャンダルも相次いで露呈し、ほころびが目立ち始めていた。

その傷口を修復して、体制を立て直そうとする宮澤や梶山。

制度を変えることで、自民党政権そのものを倒す道に踏み出そうとする小沢と羽田。

どちらの側に正義があるのかという問題を超えて、もはや双方が政治的な生き残りをかけた厳しい駆け引きを始めている。

火薬庫にガスが充満しつつあるような、ヒリヒリした状況に火をつけたのは、誰もが予想しなかった宮澤の一言だった。

五月三十一日、テレビ朝日の番組『総理と語る』の収録が首相官邸で行われた。インタビュアーは『朝まで生テレビ！』や『サンデープロジェクト』で一躍有名になったジャーナリストの田原総一朗だ。

「この国会で政治改革法案を成立させないと大変なことになる。首相の指導力が問われている」

田原は政治改革法案について繰り返し、そう問いかけた。そして、田原の挑発的なインタビューが宮澤の不用意な発言を引き出す。

宮澤は淡々とした口調ながら、言い切った。

「政治改革はどうしてもこの国会でやらないといけない。私はやりますから」

それでも田原は「本当にできるんですか」とさらに詰める。

「この国会でやらなくてはならない。やるんです。私はウソをついたことがない」

この「ウソをついたことがない」という一言が致命傷になった。

自らの指導力で事態の収拾を図るのではなく、激しい主導権争いのなかで党内調整に苦労している梶山の頭越しに、成立を確約したのである。

宮澤は、ここで「できません」と言えば一気に求心力がなくなり、政権が持たないと判断したのだろう。池田勇人の秘書官を務めた後、一九五三年に国会議員に転じた宮澤は、政界では屈指の経験を持っている。数々の修羅場も経験してきている。しかし、宮澤が率いる宏池会（宮澤派）が、ここぞという時にひ弱な面を見せるため「お公家集団」と揶揄《やゆ》されていたように、宮澤自身も、生々しい力がぶつかり合う権力闘争は決して得意ではなかったのかもしれない。

梶山も、自民党の幹部も、そして小沢も、唖然とするしかなかった。裏付けも根回しもないまま首相が発言したことは取り返しがつかない。何か秘策があるのか。

宮澤が投げた「賽《さい》」は、奇妙な転がり方をして、ルビコンに向けて最後の隊列を整えようとしていた小沢の目の前に落ちた。

方針転換

その週末の六月五日。「土曜出勤」だった私は、正午のニュースを見届けて国会議事堂の中にある野党クラブを出た。どこで昼食を取ろうかと考えながら、自民党本部近くの平河町の交差点から赤坂見附に向けてブラブラと坂を下っていった。そして、弁慶橋を渡って、赤坂プリンスホテルの入り口を過ぎ、小沢の個人事務所が入った紀尾井町戸田ビルの前を通りかかった。

事務所には土曜日は誰もいないことが多いのだが、今日はビルの脇の駐車場に小沢のトヨタ・セルシオが停まっている。本人が来ているのか。少し面倒くさいが話を聞くチャンスだ……。そう思いながら事務所を訪ねてみると、奥の部屋に小沢がいた。

「何かあったのか」と逆に小沢に尋ねられた。

「いや、宮澤さんの『政治改革はやるんです』発言の後、先生は総理に協力すると態度を転換したと言われていますけど、本当のところはどうなのかなと思いまして。というか、宮澤さんが頑張っても梶山幹事長も佐藤（孝行）総務会長も、全くまとめる気はないし、いくら総理でも、鶴の一声とはいかないいんじゃないですか」

私はこのところ抱いていた疑問をぶつけてみた。

田原の宮澤へのインタビューの後、小沢はそれまでの姿勢を転換させて、宮澤に協力する姿勢を明確にしていた。しかし、梶山ら党執行部は、この国会での法案成立は先送りし、延長なしで国会を閉じる方針を変えていない。

「そうだな。だが、総理・総裁が〝こうしたい〟と言うのを、執行部が何も聞かないというんじゃ政党政治は成り立たない。またいつもの小沢の書生論だと言われるが、民主的に選ばれた総理が、権力を正当に行使するのは当然だ。むしろ権力を使わないで、大勢に流されるだけのほうが問題だと思うよ。だから俺は、宮澤さんが本気でやるなら協力すると言ってきた。そこは変わってないさ。それでもダメなら、政権を代えるしかないということだ」

話を聞いているうちに私は気づいた。要するに、正当性は宮澤に協力する小沢たち羽田派の側にある。宮澤が執行部を抑えられず法案を成立させなければ、行動を起こすことになるが、倒閣にせよ、離党・新党にせよ非は梶山執行部にあると明確にするのが狙いだ。政治闘争には大義名分が必要だ。恐らく、選挙に不安を持つ若手議員のことも配慮しているのだろう。政治改革が錦《にしき》の御旗《みはた》になるというわけだ。

「しかし、国民には分かりにくいし、いざ宮澤内閣を倒すとなっても、野党が本気で乗ってきますか？」

内閣不信任決議案を提出するためには、五十人以上の署名が必要であり、単独で提出できる野党は社会党だけだ。しかし、依然として社会党の中には、改革の是非よりも、いま選挙になれば壊滅的な打撃を受けるという不安が強い。梶山と水面下で連携する村山国対委員長はじめ執行部にも「不信任案など出せない」と公言する幹部もいる。

小沢は、何か意外なことを聞かれたような妙な表情をしたが、すぐに言った。

「さあ、それは野党の中の問題だろう。それより君は昼飯を食ったのか。そうめんがあるから食っていくか？」

話は終わり、の合図だ。

そろそろ蒸し暑くなる季節に、近くの馴染みの料理屋がそうめんを差し入れてくれたという。思いがけず小沢の話を聞けたうえに昼食の心配もしなくて済んだ。

「ご馳走様でした」と言って、事務所を出たところで衆議院手帖に「方針転換？　権力の正当性」と記しながら、小沢の話を振り返ってみた。複雑に絡み合う政治情勢の変化のなかで、小沢が対応を変え続けていることは確かだが、それにしても小沢の本当の狙いが何なのか、さらに分からなくなったような気がしていた。

市川学校

野党担当の記者クラブは、衆議院本館二階の西側にある。元々は社会党の控室の一部を仕切って記者が居座ったのが始まりだという。古く狭い部屋は、夏の夕方には西日が射し込んで猛烈に蒸し暑くなる。私たちはしばしば大理石造りの廊下に出て涼んでいた。

衆議院の本館は、噴水のある中庭を囲む回廊の構造になっている。中庭に面した廊下の窓からは、同じ二階の斜め左に公明党の会議室が見えた。

もちろん話し声までは聞こえないし、後頭部だけしか見えない議員もいたが、雰囲気は伝わってくる。国会が緊迫すると、頻繁に会議が開かれる。書記長の市川が何事か話し込んでいることが多い。時には、夜遅くまで延々と会議を開いていることもあったが、どうやら市川が一人でずっと話している。議員たちも、まるで教師の話を熱心に聞く生徒のように神妙な態度だ。

「お、また市川学校やってるぞ」

「公明党のセンセイも市川書記長の前では生徒だから。苦労するねえ」

私たちは冗談のネタにしていたが、実は「市川学校」が開かれた時は、何らかの動きが始まることが多い。それを見かけた時は、必ず公明党担当の記者に連絡していた。

市川は、小沢より七歳年上だった。一九八七年に竹下内閣の官房副長官として小沢が野党対策にあたったのをきっかけに互いの関係を深めた。公明党きっての理論派であるだけでなく、論争では相手を徹底的に追い詰める武闘派としても一目置かれていた。

公明党担当ではない私は、廊下ですれ違う時や市川お気に入りの国会裏庭のカレースタンドで隣に座った時に一言二言、言葉を交わす程度の関係だった。だが、市川も小沢と欧州に行った「壁無し会」のメンバーだ。同行した私に対して、短いやりとりの中でもヒントになるような情報を度々くれていた。

六月上旬のその日も昼食時にカレースタンドを覗くと、L字形のカウンターのコーナーの辺りに市川とSPが座っていた。

両側の席は空いている。衆参に議員食堂がある国会では、カレースタンドに来る議員は少ない。市川に限らず議員が来ると、ほかの客は遠慮して近づかないので席が空くのだ。

私は市川の隣に座った。カレースタンドと言っても、スパゲッティや唐揚げ定食などメニューは多彩だ。私はカレーライスを注文して、市川に軽く会釈した。

すると、市川が話しかけてきた。狭い場所というのもあるが、市川は話す時に上目遣いでぐっと顔を近づけてくる。一応笑顔なのかもしれないが、眉間に刻まれたしわと縁なし眼鏡の奥の冷たい目は、慣れるまでは結構怖い。

「最近、小沢さんはどうしてますか。宮澤さんが決断すれば、支えると言ってるようですが、うまくいってないいんじゃないの」

市川さんのほうが知っているでしょう、と言いたいところだったが、そんな野暮は言わずに私は答えた。

「うまくはいってないと思います。宮澤総理は、ひょっとすると法案を成立させたいのかもしれませんが、梶山幹事長は絶対認めませんね。総理に幹事長を切る覚悟があれば別だけど、それは無理でしょう。小沢さんも分かっているんじゃないですか」

市川は声を立てずに笑った。だが、眼鏡の奥の瞳はむしろ怒っているようにも見えた。

「宮澤総理もテレビでやりますと言ってしまった以上、やるしかないと思いますけどね。野党は、民社も含めて連用制をさらに修正した統一案をまとめますよ」

市川は、政治改革法案を巡って腰が定まらない社会党にプレッシャーをかけ続け、「小選挙区比例代表併用制案」を社会、公明で共同提出したが、民間政治臨調が四月十七日に「連用制」を発表した後は、慎重姿勢を崩さない社会党にさらに圧力を加えていた。そして、民社党の米沢との連携も使って、ようやく社公民の野党三党の足並みが揃うところまでこぎつけていたのだ。

「とはいえ社会党はどうなんですか。村山さんたちはまだ納得してないでしょう。本気で法案を上げたら社会党も割れちゃうんじゃないですか」

結局、自民党も社会党も、選挙制度改革を実現して改革派に主導権を渡すか、実現できずに分裂するか。究極の選択を迫られている。しかも小沢の言う通りだとすると、選挙制度改革を実現しても遅かれ早かれ自民党は割れることになる。そうなれば社会党も必然的に割れるのではないか。

私はこの頃には、小沢の本当の狙いは、五五年体制という永田町の「ベルリンの壁」を破壊するために、自民党と社会党の双方を分裂に追い込むことではないかと考え始めていた。選挙制度改革はそのための道具の一つに過ぎない……。

市川は、さらに顔を近づけてきた。

「アンタも見たでしょう。あの壁を壊すのは容易じゃないが、力を入れるところを間違えなければ、案外簡単に崩れるかもしれない。それに、社会党の山花も赤松も親分は田辺（誠）さんだ。最近は出てこなくなったが、田辺さんはまだ『壁無し会』のメンバーですから」

じゃあお先に、とスタンドを出て行った市川を見送り、私はすっかり冷えたカレーを食べながら、壁を壊した後の風景はどうなるのだろうかとぼんやりと想像していた。

小沢は、竹下派を割り、選挙制度改革の実現を求めて、時に強引とも見える手法で突き進んでいる。それは裏を返せば、火だるまになった竹下派から逃げ出して、政治改革を御旗に復権を狙ったものとも見える。つまり日本政治を変えたいとの思いは建前で、やはりただの小沢の権力闘争なのではないか。

取材している私たちもその闘いの激烈さ、事態の目まぐるしい変化を追いかけているうちに、いつのまにか「改革の中身」よりも闘いの勝ち負けのほうが気になっていく。時には小沢と一緒に闘っているような気分に陥る場合もある。

政治記者に限らないが、取材対象に食い込もうとすると、どうしても距離が近づきすぎて、対象を突き放して見るのが難しくなる。まして権力闘争は、人間臭くむき出しの欲望や葛藤《かっとう》が見えるだけに取材すると極めて面白い。だが、それだけに視野が狭くなってしまう危険性もある。そうなると、しばしば大事なことを見落としたり、取材先との関係が壊れるのを恐れて都合の悪いことを書けなくなったりする場合もある。それが高じると、事実を曲げるようなことや記者倫理に悖《もと》ることさえ書いてしまう。そんな「暗黒面」に堕ちた記者を何人も見てきた。

気がつくと、壁が壊れた後の光景を想像していたはずが、いつのまにか政治記者の壊れた姿が頭に浮かんでいる。小沢の真意がいつまでもつかめない焦りと不安で余計なことを考えるのだろうか。きっと働きすぎで疲れているのだ、と自分に言い聞かせて仕事に戻った。

第5章　運命の内閣不信任決議案

知恵袋

赤坂見附の交差点のすぐ近くにある「清水谷公園」は、木々の緑が池の水面に映える都心の憩いの場だ。その公園の奥まった所に高さ六メートル余りの古びた石碑がある。明治十一年（一八七八年）、不平士族によってこの地で暗殺された維新の元勲・大久保利通の哀悼碑だ。

西郷隆盛、木戸孝允とならび「維新の三傑」の一人とされ、初代内務卿《ないむきょう》として明治政府の基礎を築いた大久保の暗殺は当時の社会に大きな衝撃を与えた。初めての国家的な葬儀は「国葬」の原型とされ、それ以降要人警護が始まった。だが、それから百年以上が経ったいま、その碑は、まるで人目をさけるように公園の木立の陰にひっそりと立っている。

そこから数十メートルの所に参議院の議員宿舎がある。隣接する公園の鬱蒼《うっそう》とした木々に囲まれ、昼間でも薄暗い建物の一番奥まった部屋に平野貞夫が単身で暮らしていた。

平野は法政大学大学院で政治学を学んで衆議院事務局に入った。前尾繁三郎議長の秘書などを歴任し、三十年以上も事務局の経験を積んでいたため、議会運営を熟知していた。文書をまとめる能力も高かったことから与野党の幹部に頼りにされていたが、とりわけ小沢とは関係が深い。前年の参院選では、その小沢に推されて自民党と公明党が事実上相乗りする異例の候補として当選していた。

そんな経緯もあって、私たちは平野のことを「小沢一郎の知恵袋」と呼んでいた。連合の会長・山岸との極秘会談や民間政治臨調が提案した「連用制案」にも、平野が関与していた。その平野に確かめたいことがあった。

宮澤が「政治改革はこの国会で必ずやるんです」と大見得を切った後、小沢はそれまでの厳しい姿勢を一転させていた。

確かに首相の一言は、局面を大きく転換させる可能性がある。発言の直後には、反対派の急先鋒だったあの小泉でさえ、「あそこまで言うとはねえ。総理と幹事長が本気になってくると、これは分からなくなってくるぞ」と妙な感心をしていたほどだ。

しかし、梶山執行部は動かない。自民党内は、執行部と改革実行を求める若手議員らの対立がさらに激しくなっていた。

「それにしても小沢さんはおかしい。宮澤政権を『追い込んで倒す』と言っていたのに、宮澤さんが『政治改革をやる』と言ったら、今度は『協力する』と言う。梶山幹事長を更迭でもしない限り、法案は通せないけど、宮澤さんにそんな力があるとは思えませんよね。もう見切りをつけて、倒閣に動いたほうがいいんじゃないですか。離党覚悟でついてきた若手議員はかえって不安になりますよ」

一人暮らしの平野のために缶ビールとつまみ持参で夜回りに来た私は、このところ抱いていた疑問をやや挑発的にぶつけていた。平野は、絣《かすり》の甚兵衛を着てくつろいでいる。そして、さきいかをかじりながら、まあまあと苦笑いを浮かべて聞いていたが、しばらくすると思いがけない話を始めた。

「あんただから言うが、梶山幹事長と社会党の村山国対委員長が法案の継続審議と内閣不信任決議案は出さないことで談合したとの情報がある。小沢先生は、『これを阻止するには後藤田副総理と宮澤総理の主導で法案成立に持っていくしかない』と言う。それをどうするか。実はその案を考えるように指示されているんですわ」

平野は、梶山執行部の頭越しに「政治改革基本法案」のような法案を与野党共同で提出し、一気に成立させる案を考えているという。野党も含めて政治改革推進の多数派をつくって、数の力で事態を動かす方法だ。

一つ間違えれば、自民党も社会党も大分裂になりかねない荒技である。宮澤や後藤田に、自民党を潰してでも政治改革を成し遂げる覚悟があるのならば、実現の可能性もあり得る。だが、それは小沢や羽田が離党するよりも、はるかにハードルが高い。

それに、そんな大転換をやり遂げるには宮澤が幹事長の梶山を切ることが必要だ。自分が幹事長就任を頼み込み、ここまで全て梶山に頼ってきた宮澤に、そんなことができるだろうか。

平野は、その週末の土日に国会図書館に籠って案をつくるとも話す。その間は事態が急変することはなさそうだが、宮澤に決断を期待しているだけでは梶山にズルズルと引き延ばされるだけではないかという気がした。

「一体、小沢は何を考えているのだろうか」

私のモヤモヤは一向に解消しなかった。

ディープ・スロート

平野が国会図書館に籠ると言った六月十二日土曜日の夕方、私は六本木の「俳優座劇場」近くの焼鳥屋で、ある人物と落ち合った。

政治家ではないが、小沢の周辺にいて機微に触れる情報を持っている。一方で、政治家ではないので、自分の思惑を交えない客観的な情報を語ってくれる。

ただし、少しでも情報漏れを疑われると、その人物の立場は極めて厳しいものになる。もちろん、私への情報は遮断される。他人がいるところでは、お互いに挨拶程度の言葉しか交わさず、込み入った取材は永田町を離れた場所に限っていた。

学生時代に読んだ『大統領の陰謀』を真似て、私はその人物を「ディープ・スロート」と呼んでいた。ワシントン・ポスト紙のボブ・ウッドワード記者のように深夜の駐車場で密かに会うわけにもいかないので、政界関係者があまり立ち寄らないような店を選んで密会していた。

「小沢先生の基本方針は変わっていません。どういうルートかは私にも分かりませんが、週明けの十四日には、宮澤総理が決断するかどうか情報が入るので、その時点で判断することになっています」

その人は、特に考える様子もなくそう言った。

「判断って、何を判断するんですか。梶山さんが言うことを聞くとも思えないし、まして梶山さんを切るなんて到底考えられない。中途半端な状態で二十日の会期末まで行ってしまうと、かえってやっかいでは。野党と組んで内閣不信任決議案で勝負するしかないような気がしますが」

「小沢先生は私たちとは発想が違いますから。どんなかたちでも法案が成立すれば、秋以降に新制度で選挙です。その選挙に向けて、候補者の発掘や選挙区の調整を進めることになります」

「ですが、いまの情勢だと、法案成立どころか廃案か解散・総選挙のほうが可能性が高くなっていませんか」

「もし成立しなければ解散ですから、現行の中選挙区制のもとでの選挙になります。その準備も始めています。どちらにしても、選挙の前にタイミングを見て離党することになると思います」

私は、少しモヤが晴れたような気がした。

「そうか。離党は決まっているということですね。宮澤さんに協力して法案を成立させても、いずれ自民党を割って新勢力で選挙ですか。しかし、それが実現する時は、執行部が入れ替わっているはずだから、そのまま自民党にいたほうが有利なのではないですか」

そこまでうまく事が運び、小沢が自民党内で実権を取り戻すのなら何も離党する必要はない。むしろ反対派が出て行ってくれれば、そのほうが自民党の組織も資金も手にできるはずだ。

しかし、ディープ・スロートは、はっきりした口調で言った。

「小沢先生の目的は、自民党を延命させることではありません。政界再編のためにどうするのが一番有効か、その最短コースだけを考えていると思います。これは私の個人的な考えですけどね」

この頃、読売新聞が実施した「政界再編に関する全国世論調査」が永田町で話題になっていた。

六月八日付の朝刊に掲載されたその世論調査では、「いまの政治に不満だ」との回答が七三%にも上り、度重なるスキャンダルに自民党への不信が頂点に達していることが明らかになった。さらに、六八%もの人が「政界再編が望ましい」と回答した一方で、「自民党単独政権を望む」と答えた人はわずか六%にとどまっていた。

この結果は政界に小さくない波紋を広げていた。世論の政治を見る目は、もはや政治腐敗の浄化だけでは収まらない。自民党そのものを根本から変えることを求めていたのだ。

「14日に判断」「新制度・旧制度双方で選挙対策」「タイミングを見て離党」……。

別々に店を出た後、ディープ・スロートから聞いた話を衆議院手帖にメモしながら、私はこの半年間追ってきた小沢の闘いも、いよいよ決戦の時が近づいているのだと感じていた。

針の穴

その翌日、六月十三日の日曜日の夜。宮澤はＪＲ原宿駅に近い渋谷区・神宮前の私邸に梶山を呼んだ。

田原のインタビューに「この国会で政治改革を必ずやる」と発言してから二週間が経っていた。その間、自民党内では、推進派と反対派の対立がエスカレートしていった。若手が署名集めに走り回ったり、党の会議で慎重派とつかみ合い寸前までいったりと、もはや混乱状態としか言いようのない有り様だった。

宮澤はなおも党内のとりまとめを求めていた。だが、梶山は「それは難しい」の一点張りだった。

この夜は宮澤もこれが最後の説得との思いで会談に臨んでいた。

官房長官の河野と官房副長官の近藤元次も同席した席で、宮澤は繰り返し求めた。

「何とか野党との合意ができないか」

梶山は、聞く耳を持たなかった。

「自民党内の対立はもはや収拾不能です。妥協案のとりまとめは難しい」

議論は平行線を辿った。宮澤は、党内抗争の激化とともに自民党への国民の支持が薄れていくのを恐れていた。小沢と梶山の一・六戦争の激化によって、まともな政治改革の議論ができにくくなっている。

もとより小選挙区制度で政治がよくなるとは思っていなかったが、政治にカネがかかりすぎ、それが腐敗の温床になっていることに対しては、強い危機感を持っていた。田原のインタビューでは「政治改革をやらないと日本の議会制民主主義はダメになる」とまで言っていたのだ。

しかし、小沢と梶山の争いは、そんな宮澤の思いが割って入る余地がないほど激烈な段階に入っていた。

宮澤は最後には「首相の私にできることはありませんか」とまで言ったが、梶山は「総理一人で動いても打開は難しいでしょう」と突き放した。

結局、深夜まで続いた会談でも結論は出せなかった。宮澤が口にした「この国会でやり遂げる」という約束は袋小路に入ったままとなり、出口が見えない状態に陥っていた。梶山も、ここまで来ると小沢との妥協よりも激突の選択肢を取るしかないと覚悟を決めようとしていた。

こんな状況で無理に野党と妥協しても、逆にそれを拒否しても分裂は避けられない。そうであるならば執行部に反抗する者は、こちらから追い出したほうが党の傷が浅くて済むのではないか。それにこの逆風下でいくら「改革だ」「新党だ」と叫んだところで、自民党の資金と組織がなければ選挙は厳しい。いざとなれば、小沢についていく若手はそれほどいないはずだ。政党の垣根はそれほど高い——それが梶山の判断だった。

そして六月十四日月曜日。経済団体との朝食会で梶山は重大な発言をする。

「今週いっぱいしか国会の会期がないことを考えると、政治改革法案を成立させるのは百メートル先の針の穴に糸を通すほど難しくなった」

自民党の幹事長が、首相が何と言おうと法案を成立させることはできないと明らかにしたのである。マスメディアも含めて、政界の誰もが事実上この国会での法案成立は不可能になったと受け止めた。

その日小沢は、この情報を紀尾井町の個人事務所で聞いた。週末に国会図書館に籠った成果を報告するために小沢の事務所を訪れた平野は、そこで小沢から梶山発言を聞いている。

平野によれば、その時小沢は、平野と対応を協議して、次のような結論を得たという。〈事ここに至れば、闘うしかない。まして公明党・社民連で衆院の議席は五一ある。内閣不信任案が提出できる数だ。この二党を説得して腹を固めれば、社会党だって反対できないだろう。民社も乗る。自民党のわれわれ（改革フォーラム21）が賛成すれば可決できる〉（平野貞夫著『平成政治20年史』、幻冬舎刊）

内閣不信任決議案が可決されれば、内閣総辞職か解散・総選挙のどちらかしかない。内閣支持率が低迷している宮澤にとって、解散は大きな賭けになる。だが、不信任案に賛成した小沢たちに言われるがままに総辞職を選択するとは到底考えられない。小沢は、宮澤は解散するだろうと考えた。場合によっては、不信任案採決の前に解散するかもしれない。ここは迷わず正面からぶつかる以外にない――。

激突の覚悟を固めながらも、最後に宮澤の腹を確かめる必要があった。

梶山発言の後、小沢は、最後の交渉のため、密かに宮澤のもとを訪れている。竹下内閣から官僚トップの内閣官房副長官として政権中枢の動きを見続けてきた石原信雄は、その時の小沢と宮澤の緊迫したやりとりについてこう証言を残している。

〈私は当時の模様をよく覚えていますが、小沢氏が宮沢総理のところへきて、

「梶山幹事長を交替してほしい。総理から、党内にとどまって協力してほしいと再三要請されたので、自分たちは政治改革法の成立を最大の目標にして今日まで努力してきた。にもかかわらず、自民党内の反対派のために無に帰すのなら自民党を出るしかない。総理が必ずやるとおっしゃるのであれば、その証として幹事長以下、党の役員を更迭すべきだ、更迭するなら残る」

と直談判に及んだ。しかし宮沢総理は、その小沢氏の申し入れを拒否し、物別れに終わりました〉（石原信雄著『官邸２６６８日　政策決定の舞台裏』、ＮＨＫ出版刊）

こうして小沢は、これまで検討してきた様々なシナリオの中から、最も困難な選挙で政権を倒すという道を選んだ。それは迎え撃つ梶山にとっても非常に険しい道になる。

ルビコン川をはさんで対峙していた小沢と梶山の間に、宮澤は妥協という賽を投げ込ん

でみた。しかし、タイミングを逃し、投げる方向も定まっていなかった賽は、梶山によって拾われ、どこかあらぬ方向に投げ捨てられたのである。

「百メートル先の針の穴に糸を通すようなものだ」

梶山の事実上の廃案宣言は永田町を一気に緊迫させた。二年前に海部政権が提出した「小選挙区比例代表並立制」の法案を突然廃案にした梶山の奇策を誰もが思い出したからだ。この時、自民党の国対委員長だった梶山は、衆議院の政治改革特別委員長・小此木彦三郎に審議の途中で突然「廃案」を宣告させて、法案を葬り去っていた。

あの時と同じように、今回も自民党内はもちろんのこと野党内にも本音では選挙制度を変えたくない議員が少なからずいる。少々乱暴でも、ここで一端区切りをつけてしまえば、与野党の議員たちの熱も時間とともに冷めていくと梶山は判断していたのだろう。

しかし、今回は梶山の目論見通りに動いていかなかった。自民党内は、さらに慎重派と反対派の対立が先鋭化していった。

社会党はこの事態にどう対処するのか、党内で意見がまとまらなかった。

自民党が譲歩してこない以上、不信任案を提出するのは当然だが、解散・総選挙の引き金をひきかねない。いま選挙になれば、大きく議席を減らすのは確実と見られていた。国対委員長の村山は、腐敗防止策を切り離して成立させれば自民党、社会党ともに顔が立つと強硬に主張している。だが山花執行部は決断できずに揺れ続けた。

これに強力なプレッシャーをかけたのがまたも公明党の市川だった。梶山発言の当日、六月十四日には「市川学校」で理路整然と不信任案を出して改革を前進させるべきだ、と訴えて党内をまとめた。そして、公明党として不信任案提出の方針を決定し、正式に表明した。さらに社会党と民社党にも働きかけ、翌十五日には社公民の三党に社民連も加えた国対委員長会談、十六日には野党党首会談と積み上げて野党の足並みが揃っていった。

そして十七日午前九時、野党三党（社会党、公明党、民社党）の党首ら首脳が揃って、内閣不信任決議案を櫻内義雄・衆議院議長に提出した。

未明まで乱れ飛んだ出所不明の情報の真偽確認に追われていた私は、寝不足のまま議長室の周辺で待ち構えていた。山花や市川、米沢たちが硬い表情で不信任案を提出しているのを見て、いよいよ永田町の常識ではあり得ない決戦が始まるのだと実感した。

提出後、首脳たちは記者に囲まれて取材を受けている。私は足早に議員会館に向かう米沢をほかの記者とともに追いかけた。

「いよいよですね」

私たちの問いかけに米沢は一言しか答えなかった。

「ああ、いよいよだ」

後は何を聞いても無言だった。米沢は地下通路を通って、第二議員会館の六階にある自室に駆け込むように入った。ドアを閉めるのも忘れて、居合わせた秘書に怒鳴りつけるような大声で指示を出した。

「いますぐ地元に連絡しろ。選挙だ。小沢は不信任案に賛成するぞっ」

衆議院に不信任案が提出されると、国会審議は全てストップする。慣例では、提出の翌日までには本会議に上程され、採決が行われる。

宮澤はなお会期延長に持ち込めないか模索し続け、梶山ら自民党執行部は手分けして小沢や羽田派の議員に賛成しないように働きかけを続けた。

政局の歯車は、またも大きく回り始めたが、それを押しとどめようとする力と、より進めようとする力は、まともにぶつかり合い、情報は錯綜《さくそう》し続けていた。

決戦前夜

ＮＨＫ政治部では政局が山場を迎えると、毎夜、全部員に招集がかけられる。

渋谷区神南の放送センターにある政治部の居室に、政治部長以下、デスク、キャップが揃う。部屋の中央にパイプ椅子が一つ置かれ、取材から帰ってきた記者が一人ずつ、全員の前でその日に得た情報を洗いざらい報告させられる。

いつ、誰から聞いたのか。サシなのか他社もいたのか。そもそも、どの程度確度が高いのか。その記者と取材相手の距離感も含めて、詰められる。

政治記者は、担当を代わっても政治家との繋がりが維持されることが少なくない。デスクや部長になっても、現場の記者より情報を取れる記者はザラにいる。曖昧な情報や不確かな話は、すぐに見破られる。そこまで詰めに詰めて、ＮＨＫ政治部としての方向性、見通しを固め、翌日朝のニュース原稿を練り上げていく。

与党内の造反によって不信任案が可決された例は、吉田茂内閣や大平正芳内閣の時にもあったが、いずれも与党議員の大量棄権によるものだった。今回は羽田派が野党の不信任案に賛成すると公言している。戦後の日本政治でも極めて異例であり、メディアも前例のない事態に振り回された。

不信任案が提出され、最終決戦を翌日に控えた六月十七日の夜の会議も、いつになく迷走していた。

不信任案が採決されたら自民党から何人が賛成するのか、羽田派は総崩れになっている、いや羽田派以外にも賛成する自民党議員が出そうだ……。宮澤が粘り腰で会期延長の斡旋《あっせん》を議長に頼んでいるとの話も飛び込んでくる。

私は、あの興奮した米沢の様子、その他の取材でも野党サイドが羽田派は大半が賛成すると織り込んでいること、小沢周辺の取材でも羽田派は既に解散後の対応の検討に入っていることを加味し、「不信任案は可決される可能性が極めて高い」と報告した。そして「宮澤総理が総辞職するつもりがないのであれば、解散・総選挙は必至だ」と付け加えた。野党担当だけでなく、自民党担当にも同じような見通しを示す記者がいた。

しかし、自民党執行部の担当記者からは「梶山らの締め付けで羽田派の造反は抑え込まれつつある」「もはや総崩れで賛成は小沢や羽田ら数人にとどまり、後はせいぜい欠席になりそうだ」という全く逆の見方も出された。「副総理の後藤田を通じて羽田に会期延長を打診することになったので、まだ不信任案が可決されるかどうか決めつけられない」と強く主張する記者もいて、部員同士の激論になっていた。

私自身が自民党の幹事長番をしていた経験から、こういう時には自民党執行部筋から出される情報が説得力を持つのは分かっていた。情報量は権力の大きさに比例するのが永田町の基本原則だからだ。その意味では首相、幹事長からの情報は、ほぼオールマイティーになる。

ただし、この時は、その平時の権力構造が既に揺らぎ始めていた。私は個々の政治家の頭の中だけでなく、政治全体の動向、さらには世論の動きも重要な判断材料ではないかと思うようになっていた。私や何人かの記者は、せめて「不信任案可決の見通し強まる」とのトーンで勝負すべきではないかと主張したが、「それでは解散・総選挙の見通し強まる」と書くのと同じではないか。そこまでの根拠はないと反論され、話は堂々巡りが続いた。

時計の針が二十三時を回る頃に、政治部長が裁定を下した。

「これ以上、議論してもしょうがないな。『解散・総選挙の可能性をはらみながら、際どい展開が続く』でいこう。後は状況を見ながら臨機応変に対応する」

私は、決戦当日の朝用のニュースにしては腰が引けた内容だと不満だったが、それ以上説得できる材料も持ち合わせていなかった。

会議が終わって、最後の詰めに記者たちが散っていくなかで、自民党取材を担当する平河クラブのキャップに呼び止められた。私が平河時代に厳しく鍛えられた人だ。

あまりの厳しさに時々、「コーヒーに下剤を混ぜて飲ませようか」と真剣に考えたことがあったほどだが、そのずば抜けた取材力とニュースセンスには素直に敬服していた。

「お前、俺たちが自民党に遠慮して勝負しないと思っているだろう」

図星だった。

「ふん。それがないとは言わんが、俺たちは『見通し』で勝負しているんじゃなくて、ファクトで勝負しているんだ。大体、解散権を持っているのは総理の宮澤だけだ。その宮澤の頭の中が分かるファクトはどこにもない。どう転ぶか分からないものを、当たるも八卦《はっけ》で書くと後が怖い。外れたら笑い者というだけではすまない。書きたいものも書けなくなる。ファクトがなければ書かないのも勇気だ」

竹下退陣を決定づけられたリクルート社からの借入金問題で、東京地検に押収されたはずの竹下事務所の預金通帳のコピーを入手してニュースにしたのも、竹下元首相の退陣表明をその日に抜いたのもこの人だった。政権中枢に深く食い込んだ「特ダネ記者」だった。それだけに様々な圧力も誘惑もあったはずだが、「確かな事実があれば何も怖いものはない」というのが口癖だった。

過去にも、見方や考え方が異なったことは何度もあったが、その度に「悔しかったらファクトを持ってこい」と言われたそのファクト主義には納得していた。

私は、素直に「分かりました」と言っていた。

「ふん。分かればいいんだ。あと、ついでに言っとくと、俺は自民党支持だからな」

「やっぱりな」とも思ったが、ともかく少しは気が晴れた。まだ抜かれたわけではない、本当の勝負はこれからだ。私はそう思うことにした。

そして政界の運命を決する日がやってきた。

白い木札

一九九三年六月十八日、第百二十六回通常国会は会期末まで二日を残して、宮澤内閣に対する不信任案が最後の議案となっていた。

定められたルールに従って本会議採決のための手続きが進められるなか、宮澤は最後の賭けに出た。昼前、羽田を官邸に呼び込む。そして、二か月程度の会期延長でどうかと提案を持ちかけた。その間にもう一度与野党協議を再開して修正の道を探ろうというのだ。宮澤は、羽田の感触は悪くないと受け止め、そのまま議長公邸に駆け込んだ。これを受けて櫻内議長は各党に党首会談を呼び掛ける。

目まぐるしい動きのなかで、私は「解散へ」と打たなかったことは正解だったかもしれないと思い始めていた。

今朝の新聞各紙の朝刊は、「衆院解散必至の情勢」（朝日新聞）、「解散の動き一気に強まる」(毎日新聞)、そして読売新聞は、「衆院解散きょうにも」と揃って解散の可能性が強まると打ってきた。ただ各紙とも「宮澤首相なお打開を模索」とも書いていた。実際、宮澤の説得が成功すれば、まだどう転ぶか分からない……。

しかし肝心の羽田は、宮澤からの呼び出しの後、記者団に「ただ会期を延長してもダラダラといってしまうだけで不信感を倍加する」と否定的なニュアンスで話していた。社会、公明、民社の野党三党も櫻内議長の呼び掛けは、拒否することを決める。

こうして激突を回避しようとする宮澤の最後の努力は全て不調に終わった。午後四時には、不信任案を採決する衆議院本会議を午後六時半に開会することが正式に決まった。

私は、その瞬間を自分の目で見たいと思い、衆議院の本会議場に向かった。

衆院本館の三階に上がると、議場を見下ろせる傍聴席の前に狭い回廊が突き出している。そこが記者席だ。幅二メートルもない狭い回廊に記者・カメラマンが詰めかけ、身動きもできないほどになっている。

異様な熱気のなかで議場の扉が開き、議員たちが続々と入ってきた。同僚議員と何事か談笑しながら席に着く者。議場の隅で額を寄せ合って密談している者。普段と変わらぬ光景だが、議員たちの表情からはいつもとは違った、ただならぬ緊張感が伝わってくる。

そして午後六時三十二分、本会議が始まった。内閣不信任決議案は記名投票で採決が行われる。議員は議席に置いてある自分の名前が書かれた二種類の木札を使って投票する。賛成なら白い木札の「白票」、反対なら青い木札の「青票」だ。

名前を呼ばれた順番に一人ずつ投票箱が置かれた演壇に進んで、職員に木札を渡すため「堂々巡り」と呼ばれている。最初は議長席から見て左側に席がある野党議員が名前を呼ばれ、次々に不信任案に白票を投じていく。その度に野党席から大きな拍手が起きる。

続いて自民党議員の投票が始まった。こちらは次々に青票を投じていく。その度に、今度は自民党席から拍手と歓声が起きる。

しかし、自民党議員の列の中に白い木札を手にした議員がいた。政治改革の推進を主張する若手議員の一人、河本派の簗瀬《やなせ》進だ。

「ウオーッ！」

自民党議員で最初の不信任案賛成の投票に、議場からは歓声とも怒声ともつかない声が上がった。その後も拍手と怒号とストロボの激しい光を浴びながら、白票を投じる自民党議員が続く。

小沢や羽田も白い木札をしっかりと職員に手渡していた。その度にひと際大きな拍手と歓声とヤジが議場に響き渡る。

私は、メモ帳に正の字を書いて造反者の数をチェックしていたが、三十人を超えたあたりで数えるのをやめていた。欠席者も十人を超えている。もはや不信任案が可決されるのは明白だった。

宮澤は可決されれば、直ちに衆議院を解散すると表明していた。一九五五年の保守合同以来、幾多の風雪に耐えてきた自由民主党。その堅牢な政治的構造物が目の前で大きく崩れようとしている。ベルリンの壁に例えるまでもなく歴史の大きな転換点に立ち会っているのだ。そう思った私は、議場にいる一人一人の議員たちの表情を見つ

内閣不信任決議案に白票を投じる小沢一郎

め続けた。

採決では、自民党から羽田派を中心に三十九人が賛成に回り、十八人が欠席した。その結果、賛成二百五十五、反対二百二十で宮澤内閣に対する不信任案は可決された。これを受けて、宮澤は直ちに衆議院を解散した。


衆議院が解散された翌日の六月十九日は土曜日だった。私は明け方までニュースの処理に追われ、帰宅し損ねていた。記者クラブのソファで仮眠した後、午後の遅い時間になって紀尾井町の小沢事務所に向かった。

解散直後に武村正義らが自民党を離党して新党結党を発表し、政界の激震は続いている。羽田派も新党結成に向けて、グループの協議を始めていた。もともと直ちに離党する方針ではなかったが、武村の意表を突く新党結成によって、世論はそちらに注目し始めている。新党効果を薄れさせないためには、できるだけ早い新党結成が得策だ。小沢たちの判断はそちらに傾いていた。

混沌とした状況のなかで一階の派閥事務所は慌ただしく人が出入りしていたが、五階の小沢事務所にはなぜか記者の姿は見えなかった。

「お疲れさまでした」と声をかけながら事務所に入ると、顔なじみの秘書が「小沢先生は奥の部屋にいますよ」と教えてくれた。

部屋に入ると、いつもの席に小沢が座っていた。気のせいか少し草臥《くたび》れたようにも見えた。だが、いつもと変わらない張りのある声で、「おう君か。どうした」と言った。

「どうしたもこうしたも、よくここまで来ましたね。僕らは何が起きているかも分からないまま追いかけてきただけですが、結果を見ると見事だと思います」

私がお世辞半分でそう言うと、小沢は急に身を乗り出してきた。

「それがな、実は危ないところだったんだ。ツトムちゃんが最後に迷った。総理に『会期延長で必ずやる。応じないと法案も廃案になってしまう』と言われて、グラッときた。ツトムちゃんの一番弱いところを突かれたんだ」

それを聞いて私は内心ヒヤリとした。やはり最後まで際どい局面が続いていたのだ。朝のニュースで「解散へ」と打たなかったのは紙一重の判断だった。

そして小沢はこう続けた。

「だが、ルビコン川を渡って橋も焼き切ったんだ。もう後戻りはできない。それはツトムちゃんもよく分かっていたから、腹を決められたのさ」

「そうですか。でも、最後はみんな一致して歴史的な行動を取れたじゃないですか。僕は政治記者冥利《みょうり》に尽きるものを見せてもらったと思っています」

これはお世辞抜きで言った。ところが小沢はまたも私の予想を超えることを言い出した。

「いや、本当に大変なのはこれからだ。新党をつくってもこっちは候補者もカネも足りない。少々の風では自民党に勝つのは難しい。君も分かっていると思うが、こういう時の自民党は強い。これからは、新党で選挙に勝って羽田を首班にする。それが俺の目標だ」

最初の一撃で巨大な壁に大きなひび割れをつくることはできた。だが、それを完全に破壊するには、さらに強力な打撃を加える必要がある――。

小沢は既に次の目標に思いを巡らせていた。いや、小沢の闘いはまだ始まったばかりだったのだと私は思い知らされた。

冬の陣

第6章　小沢神話

開票速報

NHK放送センターの特設スタジオに設けられた「開票速報本部」は、夜半を過ぎて開票終盤に差し掛かり、独特の緊張感に包まれていた。ずらりと並んだ選挙専用PCの間を伝令役の若者が走り回り、記者やデスクが全国の開票所から送られてくるデータを見ながら殺気立った様子で声を掛け合っている。時折、「○○選挙区の△△候補当選確実です」とスタジオにアナウンスが流れる。

そんな喧騒のなかで、私は政党の獲得議席を刻々と映

新党結成を表明した羽田派

し出す大型モニターと手元の衆議院手帖にメモした数字を見比べながら「選挙はいつも面白くなる」という小沢の言葉を思い出していた。自民党の獲得議席数は既に二百二十に達し、小沢が「一番面白くなる」と言っていた数字に近づいている。またも小沢の〝予言〟があたるのだろうか――。

その日、一九九三年七月十八日は第四十回衆議院議員総選挙の投票日だった。ちょうど一か月前、宮澤内閣に対する不信任案が、小沢・羽田を中心とする自民党議員の大量造反で可決されたことを受けて実施された総選挙だ。異例の経過をたどって行われた総選挙は、細川が率いる日本新党をはじめ、自民党から分裂してできた羽田・小沢が率いる新生党、そして武村を代表とする新党さきがけが新党ブームを巻き起こして関心を集め、報道合戦も過熱していた。

ＮＨＫは、「選挙と災害」を報道の金看板にしている。そのため日頃から選挙関連の取材に力を入れている。なかでも国政選挙の開票速報は全国の放送局のネットワークを総動員して準備が進められる。

開票が始まると、膨大な情報を集約して、速く正確に候補者の「当選確実」を打ち出し、各政党の獲得議席の見通しを報じていく。そして、その時点での政治的な課題に対して有権者がどのような判断を下したのかを細かく分析する。今後の政治の展開をいち早く有権者に伝えていくためだ。

「開票が終われば正しい結果が分かるのに、競争してまで報道を急ぐ必要があるのか」

視聴者からはそのように批判されることが少なくないし、NHK内部からさえ疑問の声が上がることもあった。

だが、各地の選挙管理委員会の正式発表を待っていては、結果が出揃うのは日付が変わる頃になる。だいいち、政府や行政当局の発表に頼っていては、自由な報道はできなくなる。事前の情勢取材や世論調査のデータなどから当選が間違いないと確信が持てる候補については、当局の発表を待つことなく自主的に当選確実の情報を伝えるべきだ。それがNHKに限らず、報道各社の基本姿勢だった。

午後七時ごろから始まった開票作業が進むにつれて、次々に当確が打ち出されていく。予想通り、新党グループは軒並み大量得票に成功し、順調に議席を増やしていた。一方で社会党は伸び悩んでいる。こちらは中堅や新人の苦戦が各地で目立った。

そして、予想に反して善戦していたのが自民党だった。小沢や武村のグループが集団離党し、現有勢力が大きく落ち込んでいたが、その強烈な逆風下でも土俵際で踏みとどまるように全国各地でしぶとく議席を守っていた。

開票中、私は遊軍として各党の反応などを電話取材していた。だが、各党の消長が明らかになるにつれて、手元の衆議院手帖に書かれた数字のほうが気になり始めていた。

「２４０　２３０　２２０」

一週間前、小沢から聞いた三つの数字だ。

その日、私は紀尾井町の小沢の個人事務所で、たまたま居合わせた親しい新聞記者も交えて小沢の秘書と雑談をしていた。

そこに偶然、小沢がやってきた。自動車総連など都内の関係団体を回っている途中、一息つきに事務所に寄ったのだという。そこで即席の情勢検討会になった。

私とその記者は、

「確かに新党は勢いがあるが、候補者の絶対数が足りない。新生党と細川率いる日本新党を足しても百議席には到底届かない情勢だ」

「一方、自民党はやはり底堅い。選挙前より落ち込むとしても、二百議席を切ることはないだろう。社会党は相当厳しい」

などとそれぞれの見立てを話した。

小沢の認識もそう変わらなかったが、自民党については私たちよりも強めに見ていた。総務局長、幹事長として自民党の選挙を仕切ってきた経験がある小沢だからこそ見える景色があるようだった。

「特に地方に行くと、保守は自民党しか組織がないが、これはある程度動いている。そもそも新党の候補者がいない地域もあり、都会と違って風の影響も限定的だ。逆に、労組という組織があるはずの社会党が全く勢いがない。候補者もベテランが多く、古い政党と見られているのだろう。新党ブームの影響は社会党のほうが受けるかもしれないな」

選挙前に、「新生党で候補者を百人立てて自民党を叩き潰す」と豪語していたが、内心はもっと現実的に情勢を見ていた。

私は小沢が自民党の幹事長を務めていた時代から小沢流の選挙術を間近で見てきた。その経験から実は小沢は楽観主義者ではなく、むしろできるだけ失点を防ぐことで票を積み上げていくタイプだと思っていた。投票日まで一週間を切って、小沢は〝テコ入れする〟候補者と〝捨てる〟候補者の選別を始めているに違いない。それは新生党だけでなく、他党や連合などとも情報交換し、応援体制を組み直しているはずだ。

「とにかく自民党の議席を減らす。そのためには、野党が選挙協力していくしかないということですね。しかし、こんな選挙は経験ないし、うまくいきますかね」

居合わせたもう一人の記者が言った。私より五つぐらい年下だが、署名入りでなかなか読ませる記事を書く人だと思っていた。

「そうだ。我々はとにかく自民党を減らすことを考えればいいんだよ。連立の組み合わせなんか、勝ってから考えればいいんだ。そうすれば結果はついてくる」

そう言った小沢は、部屋の天井を見上げながら、ソファのひじ掛けを拳でトントンと軽くたたき始めた。これも何かを考えている時の小沢の癖だ。そして、自分自身に言い聞かせるように続けた。

「そうだな……。自民党が二百四十議席を超えたら、自民党政権が継続。こっちはお休みだ。君らも寝てていいぞ。逆に、二百二十を切れば、非自民政権で決まり。二百二十から二百三十の時が面白い。ここが一番の勝負どころだ」

「先生の勘では、どの数字になりそうですか」

私たちの問いかけに、小沢はニヤリとしながら答えた。

「こういう時の自民党は強い。社会党が踏ん張れるかがポイントだが、いまの様子だと厳しいかもしれないな。そうなると……。選挙というのは、いつも一番面白い結果になるもんだ」

――気がつけば私は、手元の衆議院手帖に書かれた数字を見つめ直していた。

大型モニターに映し出されている自民党の獲得議席数は二百二十三。追加公認を加えれば、二百三十議席に近づきそうだ。

新生党は、新党ブームの強烈な追い風に乗って、五十五議席と躍進した。公明、民社も選挙前の勢力に上積みして堅調だ。行方が怪しかった社会党は七十議席と、選挙前の議席をほぼ半減させた。五五年体制が成立して以来、最低の議席数に落ち込む大惨敗となっている。

ここまで野党協力を進めてきた勢力は、その他の非自民系無所属を加えても、ざっと二百十議席余りだった。

一方、前年に細川がたった一人で旗揚げした日本新党は、初めての衆院選ながら三十五議席を獲得。不信任案には反対しながら、解散直後に自民党を離党した武村らの新党さきがけは、十三人を当選させていた。武村は非自民党勢力に加わるかどうか態度を明らかにしていない。

大勢が判明し、キャスターは自民党が衆議院で過半数を失ったことをやや興奮気味に伝えている。その声よりも、私は「二百二十から二百三十の時が面白い」という小沢の言葉のほうが頭の中に響いていた。

たとえ過半数に届かなくとも比較第一党は自民党だ。憲政の常道に従えば、自民党を中心とする連立政権も十分に大義名分がある。それを覆すには、単に数を揃えること以上の何かが必要だ。

確かに小沢の言う「一番の勝負どころ」が始まりそうな予感がした。

転換点

第四十回衆議院選挙は、様々な意味で歴史の転換点となる選挙だった。

一九五五年に社会党の左右統一と保守合同でかたちづくられた自民党と社会党との二大政党制（実際は、社会党が自民党の半分程度しか議席を確保できず「一か二分の一政党制」とも言われた）を基軸とする「五五年体制」は、大きく崩れようとしていた。

東西冷戦の時代、日本は共産主義への防波堤の役割を期待され、アメリカの手厚い保護のもと、軽武装による経済成長を実現できた。高度成長期には、公共事業と産業保護に補助金を盛大にバラまく政策で「一億総中流」もつくり上げた。しかし、冷戦の終結で軍事的な緊張が薄れた結果、アメリカは日本に対して様々な分野で応分の負担を求めるようになっていた。それは、日米の貿易不均衡へのいら立ちとなって表れた。

そして、アメリカの庇護《ひご》がなくなったのと時を合わせてバブルがはじけ、日本は長期的な不況の入り口に立っていた。国内外の環境の激変は、自民党政治の機能不全を感じさせ、都市部の中間層を中心に新しい政治の枠組みを求める意識が高まっていた。

こうした政治情勢を背景に、日本新党をはじめ自民党から分裂した新生党や新党さきがけに強烈な追い風が吹く新党ブームの選挙になっていた。

一方、自民党の側も危機感を強めた。分裂で候補者が減った分、新たな人材を発掘したり有力新人への支援を強化したりすることでピンチを乗り切ろうとした。その結果、一九九三年の総選挙は、政党の新陳代謝を促しただけでなく、議員の世代交代も進めた。

この選挙で初当選した議員には、自民党では安倍晋三をはじめ岸田文雄、田中真紀子、野田聖子。日本新党には野田佳彦、枝野幸男、小池百合子、茂木敏充。公明党は斉藤鉄夫、そして共産党には志位和夫の名前が見える。後の日本の政界を牽引していくような人材が数多い。その意味でも、この選挙が戦後日本政治の一つの転換点だったことは間違いないだろう。

また、この結果を踏まえれば、私は小沢が考える勝負どころは一つしかないような気がしていた。

社会党は野党第一党ではあるものの議席を減らしたため、連立の首班を要求するのは難しくなった。選挙前から小沢と社会党委員長の山花の間では、羽田を首班にすることで暗黙の了解はできていた。そうなると、小沢や羽田に抵抗感を持つ左派のグループも、連立政権を樹立するためには羽田首班に反対できないだろう。新生、社会、公明、民社、社民連で羽田連立政権を樹立する枠組みはできる。

問題は、それだけでは二百十議席程度にしかならないということだ。つまり、日本新党の三十五議席が決定的な意味を持つ。

追加公認を加えて自民党は二百二十八議席。仮に新党さきがけが自民党と組んだとしても、数は二百四十一だ。日本新党さえ取り込めば二百四十五議席に達し、自民党をかわすことができる。そうなれば、さきがけも非自民の側に加わるだろう。そこまでは、単純な数合わせだが、果たしてそれをどう実現するか。

私は、既に小沢は日本新党と新党さきがけをどう取り込むか、その策を用意周到に練っているだろうと思っていた。

まだ開票が終わったばかりだ。普通なら動き出すのは数日後だが、小沢のことだから一日、二日で動き出すかもしれない。さすがに開票日の翌日は動きにくいだろう。一日休んで明後日からが勝負だ。六月に入ってからほとんど休みも取れていない。一日くらい休んでもバチは当たらないはずだ――私はそう考えたが、小沢は待ってくれなかった。

細川の決断

投票から一夜明けた七月十九日の朝、小沢は「知恵袋」の平野に電話を入れた。

平野によると、小沢は「社会党が惨敗して自民党が比較第一党になったことで、みな意気消沈している。が、この結果なら連立政権はできる。テレビなどで弱気の発言をしないように野党のリーダーと特に連合の山岸会長に伝えてほしい。僕は潜る」と話したという。

この時から小沢は、日本新党の細川に照準を合わせ、非自民連立政権の樹立に向けて密かに動き出していた。

私が派閥事務所から衣替えした紀尾井町の新生党本部を覗いたのは、さらに一日経った二十日の午後だった。私は、そこに居合わせた平野を捕まえ、近くの赤坂東急ホテル（現赤坂エクセルホテル東急）のコーヒーラウンジで状況を聞いた。

「社会党の議席半減には驚きましたが、それでも自民党を過半数割れに追い込めた。後は、どうやって数を集めるかですね。社会党は主導権を失っているし、社会、そして公明と民社は大丈夫ですよね」

そう尋ねる私に平野は言った。

「社会、公明、民社、社民連、それに新生は、既に非自民連立政権を樹立することで基本合意ができました。これは決まりですな。問題は、さきがけです。これは態度がはっきりしない。むしろ自民党と水面下で話している節がある。武村さんを筆頭にさきがけには自民党の三塚派出身者が多い。三塚さんは、後藤田正晴首班で超党派の大連立を狙っている。それに武村さんも一枚噛んでいる、という情報もあるんですわ」

小沢の知恵袋と言われるだけあって、平野は情報通だ。私はさらに質問を続けた。

「日本新党は？　細川さんは武村さんと一体で動くと言われていますが」

意外にも平野は自信たっぷりに言い切った。

「細川さんは非自民連立でＯＫです。武村さんに引っ張られて自民党と組むことはないと思いますよ。内田健三先生が、非自民の側に立つべきだと強く言ってますから」

二月、連合の山岸と小沢との極秘会談を仲介した政治評論家の内田は、熊本県出身ということもあって細川とも親しい。平野がその内田と頻繁に連絡を取り合っているのは分かっていた。細川の動向に平野が自信を持っているのも頷けた。

「そう言えば、小沢さんはどうしてますかね。去年、細川さんが日本新党を立ち上げる時だったかなあ、小沢さんの事務所に挨拶に来た細川さんに話を聞いたことがあります。二人ともほぼ同じ時期に角栄門下生になって以来の付き合いだそうですね。昔から親しかったみたいだ。細川さんはマスコミには『小沢氏の体質が問題だ』みたいなことを言っているけど、意外と気が合うんじゃないかな。だけど、小沢さんは僕には『羽田を必ず総理にする』と言っていたし。いま、何やってるんだろう……」

私はそうカマをかけてみたが、平野は「小沢先生は『潜る』と言ってましたなあ。そうなると私も全く分かりません」としか言わなかった。

確かに小沢が一度「潜る」と直接取材は極めて難しくなる。

電話にはまず出ない。居場所を確認するのも困難で、運よく見つけても鬼の形相で「ついてくるな！」と怒鳴られるのがオチだ。小沢を取材し始めてかれこれ四年になるが、その難易度は変わらない。周辺の口も極度に重くなる。情報漏れをひどく嫌う小沢は、記者にうっかり秘密を話すような人間は遠ざけるからだ。

この時の平野も、小沢が細川と接触して連立政権の首班を打診しようとしていたことを私に隠していた。

小沢と細川が密かに会ったのは、投票日から四日後、七月二十二日の午前中だった。二人は、選挙前から何度か連絡を取り合っていたが、実際に顔を合わせるのは選挙後初めてだった。ホテル・ニューオータニの一室で行われた二人だけの会談で、小沢は「野党を合わせれば政権を取れる。我々は非自民の新政権をつくれるのなら、誰が総理でもいい。羽田さんには固執《こしつ》しない。あなたに総理をやってほしい」といきなり核心を突いた。

これに対して細川は「お引き受けしましょう」と即答。会談は実質数分で終わったという。後年、細川は首相時代につけた日記でこう明かしている。

〈客観的状況を考えると、推されれば時代の要請としてこれは受けざるをえない、準備は全く整っていないが地金でやるしかないと、その場で決断した〉（細川護熙著『内訟録 細川護熙総理大臣日記』、日本経済新聞出版社刊）

二人の間では、事実上この瞬間に細川を首班とする非自民連立政権の樹立が合意された。小沢と細川。稀有な能力を持つ二人の政治家が、切っ先を合わせた一瞬に時代が切り裂かれたのだ。

そして、もう一人の異能の政治家がこの動きに微妙な変化を加えていく。それが武村正義だった。

細川と武村は選挙直後から「さきがけ日本新党」との会派名で統一会派を結成すると表明していた。武村の回顧録によると、小沢から総理就任の打診があったことを細川自身から聞いた武村は「それは謀略じゃないの?」と反発した。そして、その日の夕方に小沢と会い、「結論は一週間待ってくれ」と伝えたという。少し長くなるが、武村の回想を引用しよう。

〈僕はまだ半信半疑で、半分ぐらい謀略だと思っていましたし、だいたい小沢さんという人には違和感を持っていました。ホテルの部屋をトントンと叩くと、「どうぞ」と言うから入ったら、入ったところの部屋に小沢さんはドンと一人で座っていました。~(中略)~僕も入るなり、「小沢さん、今朝の話はなかったことにしてください」と勢い込んで言いながら座るわけです。そうしたら変な顔をして、僕の顔をじっと見て、「細川さんが駄目なら、武村さんでもいいんだよ」と、こんなことを言うわけよ（笑）。僕は、「そんな話じゃないし」と言って座って、「だって、テレビ・新聞では羽田（孜）さん、羽田さんと言っているじゃないですか。おかしいじゃないですか」と言ったんです。謀略だというのは、そこからきているんです。世間はそういう雰囲気になっていた〉（御厨貴・牧原出編『聞き書　武村正義回顧録』、岩波書店刊）

武村のあまりにもあけすけな告白だ。だが、確かに私たちメディアも含めた世間がこの時に「いままで『羽田政権をつくる』と言っていた小沢が『細川』と言い出した」と知ったら、きっと違和感を覚えたことだろう。

それにしてもなぜ細川がいいのか――その理由を聞き、武村も納得する。

〈小沢さんもぼつぼつしゃべり出して、「とにかくこういう時期の総理大臣は色の着いた人は駄目だ」と言ったかな、「フレッシュな人ほどいいんだ、新しい人がいいんだ」ということを言った。～（中略）～なるほど、そういう選択か。いま思い出しても、そういう選択をする小沢さんは立派だし、あの人の政治感覚は鋭いと、評価します〉（同前）

この日、細川と小沢、武村の三人の間で何があったのか。三人の証言には少しずつ、さらに重要な点で幾つかの食い違いがあり、真相は定かではない。その食い違いは後の連立政権の軋《きし》みを予感させるような陰影を含んでいた。

しかし、いずれにしても、七月二十二日の一連の会談が、この歴史的な政権の命運を決したことだけは確かだ。

武村の要請で結論が一週間延ばされたことによって、さらに情報管理が徹底された。だが、それに伴う様々な波紋も広がった。

新聞・テレビには断片的な情報をもとにした憶測記事が溢れた。二十二日に極秘会談したという情報は、徐々に漏れ始めていたが、内容を正確に報じた会社はなかった。なかには「細川首班の障害になるのなら離党すると小沢が伝えた」と報じた新聞さえあった。本当のところは細川と小沢以外には分からないが、少なくとも小沢の離党が話題になった形跡はない。それほど情報が漏れなかったのだ。

NHK政治部も、「細川・小沢会談」自体は比較的早い時期から把握していた。細川に首班候補を打診したのではないか、との情報も得ていた。しかし、間接的な情報ばかりで、二人が何を話し合ったのか、核心部分の情報は取れていなかった。

小沢は水面下で自由に活動できたが、その分、記者の側にはフラストレーションが溜まっていた。

YKK+N

小沢が「僕は潜る」と宣言して、水面下の工作を開始した投票翌日の七月十九日の夜、全日空ホテルにYKK（山崎拓、加藤紘一、小泉純一郎）とN（中村喜四郎）が集まった。自民党が過半数を失うという衝撃的な結果にどう対応するのか、情報交換するためだった。躍進した新党陣営では、細川と武村が「さきがけ日本新党」を結成すると打ち出し、政局のキャスティングボートを握ろうと動き出している。比較第一党の座は確保したといっても、何らかの態勢立て直しの手を打たないと本当に政権を失いかねない。

『YKK秘録』（山崎拓著、講談社刊）によると、この席で小泉は、〈宮澤内閣は早期に退陣して、細川日本新党代表を首班とする超党派の新内閣を作るべきだ〉と言い出したが、この時は加藤も山崎も〈突飛すぎる提案に思えて取り合わなかった〉という。

しかし翌二十日、小泉は宮澤内閣の早期退陣を要求して自らは郵政相を辞任する。こうした小泉の過激な行動に引きずられるように、ＹＫＫ＋Ｎは、細川首班に向けて自民党内の工作を進めることになった。

幹事長の梶山ら自民党執行部の強気の国会運営が裏目に出て、自民党は解散・総選挙に追い込まれた挙げ句に政権を失いかねない重大な危機に陥っていた。宮澤の退陣は当然だが、その後の首相候補をどうつくるのかは混沌としていた。

誰を総裁に据えても、自民党だけでは過半数に足りない。選挙に至った経緯からも、社会党や民社党はもちろん、新生党と組むこともあり得ない。そうなると必然的に、自民党のターゲットは武村率いる新党さきがけということになる。

武村は、宮澤内閣に対する不信任案に反対したうえで離党した。最後まで自民党議員としての筋を通したのだ。選挙中は自民党を厳しく批判していたが、場合によっては連携する可能性を否定していなかった。

自民党時代に所属した三塚派の会長・三塚博とはいまも関係が良好だ。いや、むしろ小沢や梶山との距離のほうが大きかった。武村とともにさきがけ結党に加わった田中秀征のように初めから「非自民は考えていない」と言う議員もいた。かつての新自由クラブに近い感覚だ。武村と細川の関係が一体に見えたことも自民党に期待感を抱かせた。そして、ＹＫＫ＋Ｎは、三塚派に所属する小泉を窓口に武村への働きかけの強化を申し合わせた。

ＹＫＫ＋Ｎは、小選挙区制に反対して激しい党内抗争を繰り広げてきた守旧派だったが、政権を維持するためには武村が提案する「小選挙区比例代表並立制」の提案を呑むしかないとの結論に至るのは早かった。

小沢が水面下で細川擁立の工作を進めている一方で、自民党も武村を通じて細川を首班に担ぐ動きを本格化させようとしていたのだ。しかし、山崎も認めているように、既に彼らは小沢に後れを取っていた。

こうした時の小沢の決断力と行動力は、当時の政治家のなかでは際立っていた。小泉が同じような発想をしていたことは、その後の二人の因縁を考えると興味深いが、この時点では小沢のほうが数歩先を行っていたのである。

わだかまり

「謀《はかりごと》は密なるを貴《たっと》ぶ」

古代中国の兵法書とされる『三略』にある警句を小沢はしばしば口にした。重大なことを決める時は、限られた人間で決定し、情報が漏れないようにするのが肝心だという教えだ。

だが、時としてそれは密室政治の批判を受ける。内容よりもその決め方が問題視されて失敗する場合もある。特に小沢のように途中経過を絶対に明らかにしない秘密主義を徹底すると、透明性がないとの反発も招く。

連合の山岸との会談も、細川との会談も、ここまで小沢が極秘にトップと交渉し、方向づけに成功してきたのは確かだった。だが、それを知らされないまま結論だけを言い渡されると、側近であっても「自分は信用されていないのか」と不安になる。私の取材先である小沢周辺の関係者もそう吐露していた。一九九三年の闘いのなかで、小沢は大事な局面で極秘の行動を取ることで危機を突破してきたが、その分、周りには軋轢やわだかまりが少しずつ溜まっていった。

小沢が潜っている間に、細川も連立参加の意思を滲ませたが、自らの首相への意欲は隠したまま「首班候補は羽田さんがいいのではないか」と言い続けた。

この秘密主義は、事情を知らない議員たちの間に疑心暗鬼を生むことにもなった。しかし、こうした小沢と細川の水面下の行動が非自民連立政権樹立の決め手になったことは間違いない。その成果は一週間後にかたちとなって現れた——。

七月二十九日午前、衆議院本館三階の常任委員長室前の廊下は、大勢の記者や政党、省庁のスタッフらで埋め尽くされていた。

クールビズなどという言葉さえなかった時代である。みな暑苦しいスーツにネクタイ姿だ。しかも、永田町にはまだ女性記者が少ない頃で、むさ苦しい男たちが、だらしなく襟元を緩め、ノートを団扇《うちわ》代わりにパタパタさせたり、冷たい大理石の壁に汗だらけの顔を押しつけたりしている者もいる。

十一時から非自民八党派（日本新党、新生党、新党さきがけ、日本社会党、民社党、公明党、社会民主連合、民主改革連合）の代表者会議が開かれることになっていた。

予定より早く新生党代表幹事の小沢が姿を見せた。小沢番の記者、それ以外の記者、それに「廊下トンビ」と呼ばれる省庁の国会連絡要員と思しき若者が取り囲むようについてくる。小沢は無言で委員長室へと繋がる控室に入った。

平野が人混みをかき分けるように小沢の後からついてきた。それを見つけた私は、大理石の壁際に押しつけるようにして囁いた。

「これで決まり？　信州と九州のどっちになりますか？」

信州は長野の羽田、九州は熊本の細川だ。

「そうですな。九州の人でしょう。これから小沢さんが、市川、米沢、赤松に説明するそうですよ」

控室には公明党の市川に続いて民社党の米沢が入った。どちらも硬い表情だ。三十分も経たないうちに自分の党に戻っていく。私は米沢を追いかけた。

「細川さんでＯＫなんですか」

米沢はこれまで、私に「細川なんかない。羽田でいいじゃないか」と繰り返していた。前日も「細川には反対だ」と明言していた。しかしこの時は、「俺は羽田だが、党内がまとまれば細川でも仕方ない」と変わっていた。

社会党にも公明党にも異論が燻《くすぶ》っていたが、徹底した隠密行動で外堀を埋めた小沢の根回しの結果、既にほかの選択肢はなくなっていた。最後まで自民党との連携の可能性を模索していたように見えた武村も、この時点では非自民連立の側につく意向を表明している。

ここまでは小沢の手腕が冴《さ》えわたった。

まず情勢を的確に判断して緻密に戦略を組み立てた。選挙結果と、そこに示された民意を見極め、様々な経緯やしがらみを捨て去って細川に照準を定めた。盟友の羽田に対する私情さえ断ち切って、細川擁立に一直線に進んだ。そのうえ徹底した情報管理で、陣営内の迷いを封じて敵につけ入るスキを与えない。

終わってみると、狙い通りに結果を出している。連合会長の山岸との極秘会談に始まり、政治改革で常に主導権を確保し、最後は自民党を分裂にまで追い込んだ経過も含めて、それは小沢マジックとも呼ばれた。そして、その意表を突く行動と破壊力は、政敵の自民党議員も舌を巻くほどだった。この時代の「神話」となっていったのである。

しかし、前に述べた通り、小沢のこの完璧さの裏にある秘密主義と冷徹さは、盟友や側近たちに複雑な影を投げかけていた。少なくとも私にはそう思えた。

直前まで総理の座に手が届きそうだった羽田の心境はどうだっただろうか。

確かに小沢の理屈は筋が通っている。羽田で連立政権をまとめれば、メディアは「自民党を分裂させて権力を奪取した」と書き立てるだろう。「政権交代」「政治が変わる」というイメージを強調するには、細川のほうが新鮮だ。

ただ、それは分かってはいるが、ここまでともに苦しい時間を過ごしてきた間柄である。社会党も含めて羽田でいいと言ってくれているのに、連立を確実にするために身を引かざるを得ない。羽田の心境は知る由もないが、私も含めて羽田を取材してきた記者たちには、わだかまりが残った。

そしてそれは、「権力闘争に勝利するためには手段を選ばない非情な政治家」というもう一つの小沢神話の始まりでもあった。

この日の夕方、非自民八党派は永田町のキャピトル東急ホテルで党首会談を開き、細川を首班とする連立政権の樹立を正式に決めた。

これを伝えるNHKニュースは、私たち野党担当の記者が中心となって原稿を書いた。自民党に代わる連立政権を樹立し、日本新党の細川を首相候補とすることや細川が「私としては天命として決意した」と述べたことなど、事実を淡々と記した。

ただ、私たちは原稿の末尾にこう書いた。

「これによって昭和三〇年の社会党の左右統一、保守合同以来三十八年にわたって続いてきたいわゆる五五年体制が終わり、日本の政治は新たな時代に一歩を踏み出すことになりました」

NHKニュースとしては、やや情緒的過ぎるかなとは思った。だが、この年の正月以来、何度も近づいては遠ざかり、手が届いたかと思うとまた跳ね返されてきた五五年体制の厚い壁がついに崩れたのだ。公平性や客観性が強く求められるNHKニュースとはいえ、取材者の実感を盛り込むことも伝えるうえでは意味があるはずだ。

それでも政治部のデスクに削られるかなと思ったが、彼は「ちょっと気負い過ぎじゃないか……」と苦笑いを浮かべながら「しかし、まあいいか」と通してくれた。立場や担当の違い、社の違いを超えて多くの政治記者がこうした思いを抱えていたはずだった。

しかし、それから幾らも経たないうちに、私はこの原稿に大きな問題があったのを思い知らされることになる。

確かに保守合同以来三十八年もの間、様々な危機を乗り越えて政権を守ってきた自民党が、初めて政権の座から転がり落ちた。それ自体は画期的であり、「日本の政治が新たな時代に一歩を踏み出すことになった」のは間違いない。

ただ、政権を取って代わることになったのは、「寄木細工《よせぎざいく》」とも言える八党派連立の細川政権であり、その求心力は未知数だ。

まして政権を失ったとはいえ、自民党は全議席の半数近くを占める比較第一党の「史上最大の野党」である。自民党が選挙で一度負けたからといって、「いわゆる五五年体制が終わり」とまで言えるかどうか。

社会党も議席を半減させたが、連立政権の中では第一党だ。自社五五年体制という巨大な壁が大きく破壊されたのは確かだろうが、構造の骨格の部分はまだしっかりと残っている。その意味では、五五年体制は、まだまだ終わりにはほど遠かった。

第7章　八月の落陽

船出

一九九三年の日本の夏は、二年前のフィリピン・ピナツボ火山の大噴火に伴う大量の噴煙が大気中に滞留した影響もあって記録的な冷夏となった。東北地方にはやませが吹き、八十年ぶりの冷害によるコメ不足も心配された。八月に入っても日本列島は天候不順に見舞われた。そして八月六日には鹿児島では豪雨災害も起きていた。

東京も朝から土砂降りだったその日、細川護熙は第七十九代の内閣総理大臣に指名された。

首相官邸の中庭で乾杯をする細川政権の閣僚たち

首班指名は前日五日の本会議で行われるはずだったが、自民党の抵抗で一日延期された挙げ句、六日の夕方からようやく始まった本会議でも事務的なミスで記名投票が中断した。その結果、細川が正式に首相に指名されたのは、午後十時過ぎだった。

一日中、大雨が降りしきるなか、もつれにもつれた首班指名は、文字通り嵐の中の船出を連想させた。それでも細川や小沢の表情は明るかった。

細川を首相に指名すると宣言したのは、憲政史上初となる女性の衆議院議長となった土井たか子だ。

土井はそれまでの慣例だった「細川護熙君」ではなく「細川護熙さん」と呼び、帝国議会以来、当たり前だとされていた議会のしきたりを軽々と越えてみせた。

「細川護熙さんを、本院において内閣総理大臣に指名することに決しました」

議場を望む記者席でその様子を見ていた私も、議長席で真っ直ぐに背筋を伸ばした土井のよく通る声がいつまでも耳に残った。

五十五歳、衆院初当選で首相の座を射止めた細川は、首班指名直後に記者団に感想を問われて、次のように話した。

「明らかに一つの時代が幕を下ろし、新しい時代が始まったという実感がする。一枚のページではなく、一つの章がめくられたという感じだ。そして、天命に従うという厳粛《げんしゅく》な気持ちだ」

政治家の言葉としては、随分と気負った言い方にも聞こえる。だが、細川が言うと、なぜか自然で軽やかに響いた。

「一つの時代が幕を下ろし、新しい時代が始まった」

それを聞いた多くの人々が確かに共感せずにはいられない言葉だった。

八月六日は四十八回目の広島原爆忌でもあった。さらにその三日後の九日の長崎原爆忌に細川は組閣を行った。そこでも細川は、長く続いてきた「伝統」を変えている。

組閣の後の記念撮影は、恒例の首相執務室に通じる官邸内の階段ではなく、官邸から中庭に出て、屋外で行われた。そのまま中庭に用意されたシャンパンで乾杯。鮮やかな緑の芝生の上で、グラスを傾けながら談笑する細川と閣僚たちの姿は、何よりも時代が変わったことを印象付けた。最初の記者会見にも、歴代首相で初めて立ったまま臨み、質問する記者を首相自らペンを向けて指名した。しかも原稿なしで歯切れよく答えた。発言の中身とともに、それが人々にどう受け取られるか――。細川もテレポリティクスと呼ばれるテレビ時代の政治を強く意識していたのだ。

細川政権の始まりは、何もかもが新鮮だった。報道各社の世論調査でも、内閣支持率は軒並み七〇%前後と空前の支持率の高さだった。

戦国時代を生き抜いた肥後細川家の十八代当主であり、五摂家筆頭である近衛家の近衛文麿の血を引く細川のDNAのなせる業だろうか。したたかさとしなやかさの両面を持つ細川の特異なキャラクターが、大きな変化を求める時代の意識と一致したのである。

そして、それを計算していたかのように事実上一人でまとめあげた小沢の手腕も「小沢マジック」として人々に強く印象付けられることになった。

細川政権の新しさはイメージだけではなかった。

細川は、首相に指名されてから最初の記者会見で「政治改革法案を年内に成立させられなければ政治責任を取る」と言い切った。つまりは、政治改革を実現できなければ、退陣するという意味だ。永田町の常識では、絶対に口にしてはならない言葉だったが、細川は気負ったふうもなく淡々とそう述べた。

首相周辺の誰もが、そこまで言って大丈夫だろうかと一抹の不安を覚えた。だが、記者会見を見ていた小沢は、「大したもんだ。度胸が違う。総理にしたかいがあった」と逆に大いに評価した。その発言も周囲を驚かせた。

また、この記者会見で、細川は歴史認識に関することでも重要な発言をしている。太平洋戦争について、「私自身は侵略戦争であった、間違った戦争であったと認識している」と明確に述べたのである。その後の所信表明演説でも、「我が国の侵略行為や植民地支配などが、多くの人々に耐えがたい苦しみと悲しみをもたらしたことに改めて深い反省とおわびの気持ちを申し述べる」と言った。歴代の自民党政権では決して踏み込めなかった発言だ。

当然、保守派の強い反発と怒りを招いたが、細川自身は、この問題に一つの区切りをつける歴史的な役割を意識していたに違いない。日中戦争から太平洋戦争に至る時代、細川の祖父、近衛文麿は二度も首相を務めている。若く知的で大衆的人気もあった近衛だったが、日本が泥沼のような戦争に陥っていくなかで、二度とも政権を投げ出すように退陣し、敗戦後はA級戦犯容疑者に指名されて服毒自殺した。あの戦争はなぜ起きたのか、この国を破滅の淵まで追い込んだ責任はどこにあるのか。近衛の血を引く現代の首相として、細川自身もそこから逃げるわけにはいかなかったのだろう。

野党の現実

細川政権をとりまく熱狂は、自民党にとっては悪夢の始まりでもあった。

八月と言えば、次年度予算の概算要求の取りまとめに向けて、自民党本部には全国各地から地方議員や業界団体の代表が列をなす時期だった。

しかし、結党以来、初めて野党に転落したこの夏は、自民党本部を訪れる人々の姿はめっきり減った。翌年の予算枠を確保するため、自民党本部の幹事長室や政調会長室に足繁く通っていた官僚たちも潮が引くように姿を見せなくなっていた。

「自民党本部は、毎日陳情団や陳情客が殺到していたが、野党になった途端、猫の子一匹来なかった。実に索漠《さくばく》たるものだった」

当時、自民党の要職にあったある閣僚経験者の言葉だ。

与党時代の自民党本部には人が集まり、それによって情報も集まり、そこにカネが集まった。この連鎖が自民党の権力の源泉だったのだ。政権を失った瞬間、連鎖は断ち切られ、権力が失われていく。ほとんどの自民党議員が初めて経験する「野党」の現実だった。

自民党分裂の引き金を引いた負い目もあって、発言を控えていた梶山ら小渕派への風当たりはとりわけ強かった。特に梶山は、幹事長として政治改革を巡る小沢との政治決戦の指揮を執ってきた。政権を失う敗戦の責任を一身に負って幹事長の座を追われ、しばらく雌伏《しふく》の時を過ごすことになる。五五年体制のもとでの自民党最後の首相となった宮澤も、当然の如く総裁の座を追われた。

代わって、自民党の総裁に選ばれたのは、五十六歳の河野洋平だった。新自由クラブを結成して一時自民党を離れていたとはいえ、宮澤内閣では官房長官として宮澤を支え、将来の首相候補との呼び声も高かった。フレッシュなイメージで人気を高めた細川に対抗するには、自民党もまた新しい顔を立てる必要があった。

それにしても、多くの自民党議員がかつて経験したことのない敗北感を感じていた。「史上最大・最強の野党として政権を取り戻す」と口では威勢のいいことを言っても、一人、また一人と離党者が出て、細川政権にすり寄っていく。この夏、自民党全体が悲愴感に包まれていた。

そうしたなかでも、政権奪還に向けて静かに闘志を燃やし始めた政治家たちもいた。後に「政界の狙撃手」と呼ばれることになる野中広務もその一人だ。

野中が次の標的として狙いを定めつつあったのが、連立政権のど真ん中、細川首相だった。

政界に新風を吹き込み、国民的人気を得た細川にカネにまつわるスキャンダルがあったとなれば、政権に与えるダメージは計り知れない。実態が明らかになっていた佐川急便からの借入金問題などで細川の身辺に疑惑はないのか、野中は密かに調査を始めていた。

三宅坂

その党本部の所在地から「三宅坂」と呼ばれていた社会党も黄昏《たそがれ》の憂鬱《ゆううつ》に包まれていた。

戦後の荒廃からようやく立ち直り始めた一九五五年。分裂と対立を繰り返していた左右両派を統一して日本社会党は結成された。戦後の民主化政策が進むなかで、労働運動の隆盛を背景に、革新勢力の大同団結を求める機運が盛り上がったことが、統一のきっかけだった。

これに危機感を抱いた保守勢力も自由党と日本民主党の二つの保守政党が合同して、同じ年に自由民主党を結成する。自社二大政党が対峙するいわゆる五五年体制の成立である。

社会党は結党後の初めての衆院選では躍進したが、その後はまたも分裂して民社党が結成されるなど、長期的には党勢が縮小し続けた。

一九八九年の参院選では「山が動いた」と土井たか子が表現した社会党の地滑り的な勝利で自民党を初めて過半数割れに追い込んだ。だが、この勝利は竹下内閣で起きたリクルート事件や消費税の導入、さらに宇野内閣で発覚した首相の女性スキャンダルなど自民党の敵失によるところが大きく、ブームは長く続かなかった。一九九〇年の衆院選では、「ニューウェーブ」と呼ばれる新人議員が多数当選したが、一九九三年総選挙での歴史的敗北で党勢はどん底に落ち込んでいた。

社会党は、こうした苦境のなかで歴史的政権交代に参画し、党委員長の山花貞夫も入閣した。だが、まさにそのことが党内に深い亀裂を生んでいた。

「政権欲しさに、小選挙区制という毒、いや端的に言えば、小沢一郎という猛毒を飲んだから社会党が存亡の危機に陥ったのだ」

そう言っていた左派の議員たちは、「毒を飲んだら吐き出そう」を合言葉に、政治改革法案を潰すための作戦を練り始めていた。その手始めが山花の追い落としだった。

多くの仲間を犠牲にして閣僚ポストを手に入れた、という非難は、党の先行きに不安を感じていた多くの議員、特に地方議員や現場を支える党員の怒りに火をつけた。

任期切れでいったん委員長を辞任すると表明した後も、山花は全国の社会党員から激しい非難を浴び続けた。そして、話は前後するが、政治改革法案の国会提出を目前に控えた九月六日、山花は委員長続投を断念することになる。

これを受けて実施された党首選挙で後任の委員長に選ばれたのは、国対委員長でありながら政治改革法案の成立に抵抗し続けた村山富市だった。

一九二四年、大分に生まれた村山は、戦後、労働運動に身を投じ、地方議員を経て国政に出た叩き上げだ。社会党内では、もともと田辺誠と同じ右派だったが、政治改革を巡る党内対立が深まるなかで、中間派と左派からも支持されていた。

「トンちゃん」の愛称で知られた村山は、長い眉毛がトレードマークで物腰も柔らかく、いかにも好々爺《こうこうや》との印象だ。その一方で、歴戦の闘士らしく筋が通った頑固さも持ち合わせていた。「小沢の強権的な姿勢が嫌いなんじゃ」と公言する村山は、本音では与党の法案にも納得していなかった。

そうした経緯もあって委員長続投を断念した山花はそのまま政治改革担当大臣として閣内に残留したが、村山は入閣しなかった。細川連立政権の第一党の党首が閣内にいないことで、政権内の力のバランスは大きく崩れることになる。

寄木細工

「時代の要請に地金で臨むしかないと覚悟を決めた」

細川は小沢の直感的な首相就任要請にそう応じた言葉の通り、次々と眼前に現れる障害物を直感的にかわすように、一気呵成《いっきかせい》に攻め込んでいった。

しかし、それだけに外交・安全保障政策などの基本政策の擦り合わせは後回しになった。むしろ、政治改革の一点での合意を優先し、ほかの基本政策は自民党政権時代の方向性を継続するという曖昧な表現にとどめるか検討課題として先送りすることになった。自民党出身者が多い新生党、さきがけから社会党まで政策の幅が広い八党派をまとめるためには、避けられないことだった。

同じ自民党出身と言っても、新生党とさきがけの間には解消しがたい相互不信が存在した。社会党との間にも溝があった。

後に細川自身が「寄木細工で脆《もろ》い政権だった」と振り返ったように、政権交代という大きな夢のためにひとまず手を組んだ八党派は、それぞれの政策や党の理念の違いがかえって目立つようになった。コメの輸入自由化、景気対策としての減税と消費増税、様々な問題が対立の火種となり、あちこちでくすぶり始めていた。

それどころか、政権発足直後のこの頃、一丁目一番地のはずの「選挙制度改革」を巡る対立が早くも表面化している。

連立政権は、新たに「小選挙区比例代表並立制」を提案することになった。社会党や少数政党に配慮して定数を小選挙区二百五十、比例二百五十と同数とすることまではまとまった。問題は、投票の際に、小選挙区の候補者の得票を比例代表の政党の得票と読み替える、いわゆる「一票制」とするのか。それとも選挙区、比例代表にそれぞれ投票する「二票制」とするかだった。

新生党代表幹事として与党内の調整を主導した小沢は、将来的には二大政党に近づけるため、より大きな塊になることができる「一票制」を強く主張した。しかし、「穏健な多党制」を細川とともに訴えていた官房長官の武村は「二票制」にこだわった。社会党は、小選挙区制への党内の異論もあって「二票制」は譲れないと強硬だった。小沢とともに政権交代が起きやすい二大政党制を目指すのか、それともいまの政党のままで生き残りを目指すのか。背景には、そうした政界再編への考え方の違いがあるだけに、双方とも簡単には妥協できない状況になっていたのだ。

数の上では「二票制」を主張する勢力のほうが多数だった。押し込まれて危機感を抱いた小沢は八月十二日、連合会長の山岸と会談し、「一票制」で社会党を説得するように協力を求めた。この時、小沢が発した不用意な一言が山岸の感情を逆撫《さかな》でする。

『我かく闘えり』(山岸章著、朝日新聞社刊)によれば、この席で小沢は〈社会党をまとめてほしい〉と要請したうえで、〈社会党は次の選挙ではダメだ。おそらく、つぶれてなくなるだろう。新生党は連合が協力してくれていて展望がある。彼らは新生党のほうにくるしかないのに、一体何を考えているんだ〉と迫ったという。

そして山岸はこうも記している。

〈私は小沢氏に恫喝されたと思った。そもそも社会党に対して私がいろいろとこうるさいことを言うのは、内輪の人間だからだ。私は党員歴三九年の古参党員だ。だから、社会党に耳の痛いことを言っているわけで、社会党のことを他人からボロクソに言われる筋合いはない。失礼千万ではないか。私は黙って小沢氏の言い分を聞いていたが、気分は穏やかでなかった〉(同前)

半年前に「身柄を預けます」と小沢が捨て身で迫って以来、小沢と山岸は自民党に代わる政権を実現するためにともに闘ってきた同志とも言える関係だったはずだ。

しかし、実際に細川連立政権が誕生した後、その先の道は大きく違っていた。小沢は、自民党も社会党も潰して新たな政党をつくり、五五年体制の完全なる破壊を目指していた。

だが、山岸は、自民党に代わる政権の中心に社会党が存在することを望んだ。元々、同床異夢の関係だったが、夢から覚めたことで人間関係も崩れ始めていたのだ。

小沢と武村のキャラクターの違いも影響した。細川内閣で武村は官房長官に就任していた。つまり内閣のスポークスマンだ。しかもメディア対応が巧みだった。「一票制」か「二票制」かで与党内が揉めていた時も、テレビで「二票制になると思う」と私見を述べた。

小沢や市川が「与党内の協議が終わらないのに先走って勝手なことを言っている」と度々注意するが、武村自身は「当たり前のことを言っているだけ」「なぜ叱られるのか分からない」と開き直る。当然メディアは、情報提供が多い武村の味方になっていく。苛立った小沢は、記者会見でも質問をはぐらかしたり、「不勉強だ」と記者に説教したりすることもあった。連立内の小沢のイメージは悪化する一方だった。

長老席

連立与党で既にほころびが見え始めていた八月二十五日夕刻。日比谷の富国生命ビル地下二階の「藪蕎麦《やぶそば》」で、番記者主催の羽田孜誕生会が開かれていた。

「何としても政治改革を成し遂げるという思いで自民党を飛び出したが、よくここまで来た。寄せ集めでバラバラだという批判もあるが、志を一つにすれば心配ない。マスコミの諸君も悪口もいいが、たまには激励もしてくれよ」

細川内閣で副総理兼外務大臣に就任し、前日に五十八歳になった羽田は、トレードマークの半袖スーツ「省エネルック」でそう挨拶した。いつもながらの熱い演説に記者たちも拍手で応えた。

羽田は気難しい政治家が多い元竹下派の中では、珍しく庶民的でフランクだ。担当記者の間では断トツで人気があった。

日比谷「藪蕎麦」で恒例となっていた記者主催の誕生会も年々参加者が増え、派閥担当以外の記者や経済部の記者もいた。四十人以上が集まり、決して広いとは言えない店内は満員の状態だった。壁際の小上がりは、私より一回りも先輩のベテラン記者たちが陣取っていた。そこは「長老席」と呼ばれていた。

派閥担当記者の世界には独特の序列がある。派閥を取材している記者は、同じ社の先輩後輩であってもライバル関係になることもある。夜討ち朝駆けの激しい取材競争のなかで、苦労してネタ元と呼べるほどの関係を築いた政治家は後輩に渡したくないものだ。

一方、単独では取材が難しい相手には、社は違っても同世代の記者同士で協力し合うケースも多い。世代ごとに社を超えた連帯のようなものが生まれ、むしろ他社の先輩に助けてもらったり、取材の勘所を教えてもらったりすることもあった。

そうした繋がりが重層的に存在していた。「現役」番記者の上に、私たちのような「OB」が、さらにその上には「長老」と呼ばれるベテランの記者たちがいる、という具合に独特のヒエラルヒーをつくっていた。私は、羽田の話もさることながら経験豊富な長老記者たちの政界裏話や政局の見立てを聞くのが楽しみだった。

長老たちにお酌をして回りながら話を聞いていると、みな細川政権の先行きには悲観的だった。

「羽田さんは楽観的だが、イッちゃん（小沢一郎）と武村は水と油だ。権力の二重構造どころか三重構造になるんじゃないか。そうなるとまとまらないな」

「問題は武村氏が、反小沢のシンボルになっていることだ。小沢氏が『官房長官は勝手なことを言い過ぎる』といくら怒っても、相手は毎日記者会見や懇談をやっている。小沢氏は、記者会見以外一切しゃべらない。結局マスコミを敵に回すだけだ」

「イッちゃんは、朝回り夜回りも受け付けないんだって？　そりゃ情報戦で武村に勝てるわけがない。政治記者にとっては情報をくれる政治家がいい政治家だからな」

私もそのやりとりに加わった。

「武村さんは官房長官といっても閣僚経験もないし、実権は小沢さんが握っています。小沢さんも鷹揚《おうよう》に構えていればいいのに、何か焦っているようにも見えますよね。やはり寄り合い所帯でうまくいっていないんじゃないですか」

「小沢氏は、田中派、竹下派と『軍隊』みたいな派閥で生きてきたからな。とにかく方針が決まったら黙って従うもんだと思っている。武村氏や社会党みたいに、最初から最後まで、誰も言うこと聞かない、なんて信じられないんだよ」

一番年かさの記者が言った。

「おいおい、今日は羽田さんの誕生会なのに小沢の話ばかりかい。とにかく羽田、小沢の関係がしっかりしていればこの政権は大丈夫だろう。いや、それが一番の心配事か」

みんなで大笑いしたが、若い記者たちにビールを注いで回りながら談笑している羽田を見ていると、私は確かにそれもこの政権の行方を左右しかねないという予感がしていた。

誕生会から三日後の八月二十八日、土曜日の午後。「NHK千代田放送会館」で、日曜日に放送する討論番組『政治インタビュー』の事前収録が行われた。放送当日の出演が難しい小沢や自民党政治改革本部長の三塚博のインタビューのためだ。すったもんだの末、ようやくまとまった与党案は、定数配分が「小選挙区二百五十&比例二百五十の並立制」「比例全国単位」、そして「二票制」だった。

一方、自民党は「小選挙区三百&比例百七十一の並立制」「比例都道府県単位」「一票制」の内容を提出するとしていた。同じ並立制ではあったが、自民党案は大政党に有利な内容であり、国会審議は難航が予想されていた。

この番組のキャスターは政治部の大先輩、ヤマコーこと山本孝だった。実は、山本は小沢が一年生（当選一回）で目白にある田中角栄邸で修行していた時代に、田中番記者だった。小沢にとって頭が上がらない政治記者の一人だ。

山本の問いに小沢は、「自民党の案が出てくれば話し合うのは当然だ」と柔軟姿勢を示す一方で、「考えられないような妨害、阻止があれば国民に信を問うことがあるかもしれない」と、成立が危うくなれば解散もあり得ると発言した。

野党ながら衆議院で第一党の勢力を持つ自民党への牽制であろうが、果たしてそれだけなのか、私は気になった。

収録が終わると小沢は、上機嫌で放送会館の玄関に向かった。旧知の山本がキャスターだったので話しやすかったのだろう。

そして、NHKの幹部や担当者が見送るなか、セルシオに乗り込もうとする小沢に「私もいいですか」と聞くと、小沢は小さくうなずいた。

反対側のドアから後部座席に体を滑り込ませる。私が「どうも」と言うと、小沢は「おう」と言った。それを合図にセルシオは走り出した。国道二四六号を西に走り、駒沢通りに入って深沢に向かうコースだ。

前年までは毎朝のようにこの逆コースを「ハコ乗り」していた。

気難しい小沢だが、なぜか車に同乗して取材するハコ乗りは認めていた。朝、永田町に向かう三十分、じっくり話が聞ける貴重な取材機会だ。ただし、乗れるのは二人まで。私たちは先着二人までとルールを決めていた。

小沢番になりたての頃、私はとにかく早起きレースに勝つことを自分に課した。小沢に食い込むためのほかの手段を思いつかなかったからだ。

七時前に深沢に着けば大抵は二着に入れたし、小沢と話すのが苦手だと言って順番を譲ってくれる記者もいた。乗れなかった記者にも後で中身を教えるルールもあったが、自分の耳で聞いていない話は所詮、信用できない。まだ三十代前半だった私にとっても、つらい毎日だったが、そうやって少しずつ小沢との距離を縮めてきた。

そんなことをぼんやり思い出しているうちに、小沢のほうが話し出した。

「どうだ。俺が言った通りだろう。細川さんは見栄えがいいだけの飾りだと言う奴がいるが、どうして、どうして、あの度胸と決断力はたいしたもんだ。バラバラの八党派を一発でまとめるには細川さんしかいなかった」

残念ながら、私はそんな話を聞いた憶えはなかった。

「『必ず羽田を総理にする』と言った後は、ほとんど潜っていたじゃないですか」と文句を言いそうになったが、それは呑み込んだ。代わりにほんの少し皮肉を込めて言った。

「滑り出しは上々ですね。しかし、自民党内も野党と妥協することには抵抗が強いようですし、政治改革法案を通すのは簡単ではないですよね」

「もちろん、自民党は抵抗するさ。しかし選挙で負けたのは大きいよ。細かい中身はともかく、選挙制度を変えろという民意ははっきりした。さっきも言ったように、筋が通らない妨害をすれば解散してまた選挙だ。今度はもっと酷いことになる。自民党の連中も俺が本気だというのはよく分かっただろう」

恐ろしいことを言う人だと思ったが、確かにここまでの経過を考えると、「解散カード」はかなり有効であるような気もした。しかし、そのカードをいまの与党が使うことは難しい。

「自民党は解散を嫌がるでしょうが、むしろ社会党や武村さんのほうが抵抗すると思います。解散で脅すわけにもいかないし、そちらのほうが厄介じゃないですか」

私がそう聞くと、小沢は自信ありげに言った。

「みんな自分の生き残りが大事だから、そう簡単にはいかないさ。だが、自民党だろうが与党の中だろうが、法案を潰すようなら本当に解散すればいい。これは脅しじゃない。選挙になれば我々は必ず圧勝する。自民党は壊滅だ。社会党は消滅するかもしれない。彼らもよく分かっているさ。今度は、こちらが解散権を握っているんだ」

この年の初めから、数々の困難を乗り越え、激しい権力闘争を勝ち抜いて政権奪取まで来た自信と高揚感が小沢にそう言わせたのだろう。私はそう思った。

そして同時に、五五年体制の壁は、まだ完全に崩れ去ったわけではない。ひび割れて脆くなった場所を探し、さらに激しくハンマーやドリルで壊し続けなければならない――小沢がそう考えているのだということにも気づいた。

熱狂と混乱の八月は終わろうとしていた。

神業と言われるような政治手法で、考え方の違う集団を一つにまとめ、誰も見たことのない神輿をつくった小沢一郎。

そのいまにも壊れそうな寄木細工の神輿《みこし》に、風のように軽やかに乗ってみせた細川護熙。

強烈な個性を抑えながら、それを支える側に回った武村正義、市川雄一、米沢隆。

どの人物も歴史的な役割を見事に果たしながら、疾走していた。だが、走り始めてみると、寄木細工のあちこちで軋みが生じ、細工が擦れ合うギシギシという音が聞こえてくる。どこまでこの神輿は保てるのだろうか——。

小沢は、黙りこくって窓の外の街並みをじっと見つめている。私も、聞きたいことは山のようにあるのだが、なぜかそれ以上質問する気にもならない。会話はないままだが、不思議と小沢の心境が分かるような気がした。

ここまでは、予想以上に事がうまく運んだという自信と強気が溢れているはずなのに、何かひっかかるものがある。まだぼんやりとした小さな影だが、前に進むにつれて少しずつ暗く重い塊になろうとしているようだ……。

二四六号から駒沢通りへ入るあたりで車窓からまぶしい陽光が差しこんでくる。真夏の太陽が傾き始めた方角に向かって、小沢と私を乗せたセルシオは走り続けていた。

第8章　ドーハの悲劇と政治改革

外圧

「体制転換は容易ではない。ペリーが浦賀沖に来てから江戸城明け渡しまで十五年かかっている。ベルリンの壁が壊れてまだ四年だ。そう簡単に革命はできないよ。鳥羽・伏見の戦いはまだまだ先だ」

九月上旬、新たに新生党担当になった後輩記者を連れて事務所に挨拶に行った時、小沢は私たちにこう言った。

小沢は、ともに一九五五年に結成された自民党と社会党が、ある種の役割分担をしながら互いの既得権を守り続けてきたことが五五年体制の実態であり、その権力構造は容易に壊れないと力説した。

「田中派・竹下派の真ん中で表も裏も見てきた俺だから分かるんだ。このままだと政治全体が沈没する。だから自民党も社会党もいったん壊して、全く別の新党をつくるしかない。それにはまだまだ時間がかかるだろう」

「では、一体どれくらい時間がかかりますか」と、問いかけると小沢はこう言った。

「最低でも二度予算を編成する。そうすると、自民党は持たない。予算を補助金や税制で配分することが票に繋がると自民党議員は思っているから、そこに関われないとなると、耐えられないんだ」

「すると、年内に政治改革法案を上げて、来年の通常国会で予算を通す。さらに、再来年の予算を上げた後に解散、ということですね。最短でも二年後か。その時までに自民党が再分裂して、一部がいまの連立に加わる。新・新党は、自民党よりも大きな塊になれる……」

私は、正直言ってそんな先までイメージが湧かないなと思いながらもそう言った。

「その時は社会党も割れてもらうけどな。村山さんとはバイバイだ」

「しかし、武村さんはどうするんですか。武村さんは、新・新党なんかとんでもないというスタンスだし、細川総理も、あれで武村さんのことを頼りにしているから、引きずられるんじゃないですか」

小沢は露骨に嫌な顔をした。

「彼は何を考えているかさっぱり分からん。自民党に戻りたいのか。細川さんは違うと思うがな。まあ今日は個別の話は抜きだ。いま、君らマスコミとは記者会見以外には口をきかないことにしているからな。話すのは天下国家の話だけだぞ」

小沢は、選挙前から旧態依然《きゅうたいいぜん》とした記者クラブ制度への批判を度々口にし、「欧米流」のオープンで開かれた記者会見だけで取材を受けつけるとしていた。

日本の政治報道に特有の番記者制度も朝回り夜回りも、日本的な馴れ合いだとして一切受けつけないと宣言した。マスコミこそ五五年体制にどっぷりと浸かっている。自分の主張を持て。それを見て個別の取材に応じるかどうかを小沢が選別するというのだ。

小沢はメディアを通して世論に訴えることの重要性はよく分かっていたはずだが、朝から晩まで追いかけ回されると、隠密行動が取りにくく、都合が悪いことまで知られてしまうという気持ちもあったのだろう。公開の記者会見で取材を一度に済ませてしまえば、情報管理がしやすくなる。

そんな事情もあって、この日も新たに小沢を担当する後輩記者の挨拶を口実に事務所を訪ねていた。小沢も時間があったのか、予想外にいろいろな話をした。

「天下国家の話と言えば、コメの輸入自由化が大変じゃないですか。クリントン政権は強硬なようですね。外圧で開国を迫られているのは幕末と同じだ」

私がそう言うと小沢は乗ってきた。

「そうだ。これも外圧だよ。しかも五五年体制では、対応できなくなってきた。『ガット・ウルグアイ・ラウンド』もいよいよ大詰めだ。日本が孤立しないために、もともとは自民党も農水省も、散々苦労して交渉してきた。あともう一息で『一部関税化』でアメリカを説得できそうだった。なのに自民党は、徹底的に妨害するつもりだ。完全に先祖返りしたな」

こういう政策論になると小沢は饒舌だ。私たちは口を挟む間もない。

「日本は自由貿易で食っているんだから、自分たちから『開放します』と提案したほうがメリットも大きい。コメも生産農家に所得補償すれば、輸入米がいくら入っても安心してつくれる。コメの価格が下がるから消費者も助かる。いままで通りの保護政策では、日本の農業は本当に潰れてしまう。農家のほうがよく分かっているはずだ。俺も水沢農協の正組合員で田んぼをつくっているからよく理解できる」

農家に対する戸別所得補償は、この頃からの小沢の持論だった。コメを自由化しても国内の農家が衰退しないように一定の所得を国が補償する制度だ。コメだけでなく、国内産業を守るためにも体質を改善する。そして、自由貿易に思い切って舵を切るべきだとする小沢の思想がそこに表れていた。

「アメリカに言われなくてもやる、か……。そういえば以前、携帯電話の電波割り当て交渉でワシントンに行った時も、同じようなことを言ってましたよね」

私は、一九八九年に日米電気通信交渉で小沢が訪米した時のことを思い出していた。

「あの時は、ひどい目に遭ったなあ。そうか、そこに君もいたよなあ」

「ひどい目に遭ったのは私です。ＵＳＴＲ（米通商代表部）の前の路上で徹夜させられた」

「はは、それは俺のせいじゃないだろう。君の上司に文句を言えばいい」

「だってまだ正規の番記者になる前ですよ。あれは当時のキャップに騙された。小沢先生が政府特使で行くからお前がついていけと。『英語もできないし、国際部や経済部の記者でいいじゃないですか』と言ったら、『あいつらは英語はできるが、小沢一郎の言葉が理解できない』とか言われて。私だってその頃は、まだ先輩の手伝いだったから、先生が何を言っているかさっぱり分からなかった。先生は『ボス交』（トップ交渉）だと言って、USTRに入ったきり出てこないし、ホントひどい目に遭いました」

文句を言う私に小沢は苦笑いの表情を浮かべていた。

「ははは。そんなことあったかなあ……」

「でも、いま思うと、あれも外圧を逆に利用して国内市場を開放したから、うまくいった例だと思います。現在の携帯電話の隆盛に繋がりましたからね」

「そうだなあ、あの時も郵政省は『周波数帯を自由化したらNTTが潰れます』と言うから、『そんなことはない。日本の技術力を信用しろ、アメリカなんぞに負けるわけがない』と説得したんだ。本当のことを言うと、『これに失敗したら国に帰れないな』と思っていたが、ま、結果オーライというヤツだったな」

そう言って小沢は大笑いした。だが、私は、冗談ではなく、それもいまに至る小沢の闘いの始まりの一つだったと思っていた。

ウォーターゲート

それは一九八九年の六月、竹下内閣が退陣した後を受けて宇野内閣に代わった頃のことだった。

当時、米国のジョージ・H・W・ブッシュ政権は、日米の貿易不均衡への苛立ちを強め、自動車電話や携帯電話用電波の周波数帯の開放を強硬に求めていた。

米国ではモトローラ社が開発した折り畳み式の超小型の携帯電話が売り上げを伸ばしていた。ところが、日本ではモトローラ方式に対応する周波数帯が少なく、首都圏には参入できなかったのだ。業を煮やした米政府は、対日経済制裁の発動までちらつかせて開放を迫ってきた。

困り果てた宇野内閣は、竹下内閣の官房副長官として日米の経済交渉に当たっていた小沢を政府特使としてワシントンに派遣することにした。

その頃の政局は、参議院選挙を控えて宇野内閣の支持率が下がり始め、キナ臭くなっていた。本筋の自民党担当の記者を行かせるわけにもいかず、たまたま竹下内閣の頃に先輩の手伝いで小沢副長官番を経験していた私にお鉢が回ってきたのだ。

六月二十日、アメリカに着いた小沢たち交渉団が拠点にしたのは、ワシントンDCの西の端、ポトマック河畔にあるウォーターゲート・ホテルだった。一九七〇年代にリチャード・ニクソン大統領を退陣に追い込んだ「ウォーターゲート事件」の舞台として有名になったビルの中にある。

その一室にUSTRの担当者がやってきて交渉が始まったが、日本側が当時の規制を度外視して特別に周波数帯を割り当てる譲歩案を示しても、米側はさらに要求をエスカレートさせるということが繰り返された。膠着状態に陥った交渉は、ズルズルと延長されていた。

自動車電話や携帯電話では日本より先行しているという自信からか、米国側の態度は傲慢そのものだった。当時の私の取材メモには、「米国は制裁で恫喝しながら、際限なく要求をエスカレート。同盟国としてあるまじき行為」とか「米政府はモトローラの代理人か。態度を変えないなら交渉を打ち切って帰国する。日米関係に傷がつくのも覚悟の上だ」などと小沢の激しい言葉が残されている。

そして六月二十七日、小沢とUSTR代表のカーラ・ヒルズのトップ会談が、最後の話し合いの場として米国側の本拠地のUSTRビルで始まった。

昼過ぎから始まった交渉は、夜になっても続いていた。同行記者団は、USTRビルの前の路上で待機していたが、終わりの見えない交渉に、夜が更けるにつれて一人、また一人とホテルに引き上げていく。私は日本での取材と同じように動きがあるまで現場で待つと決めていた。その結果、生まれて初めて訪れたワシントンの馴染みのない役所の前で、一晩立ち尽くす羽目に陥っていた。

結局、そのトップ交渉も決裂。ホテルにとって返した小沢は「米国の態度は目に余る。日米関係に深い傷ができるのは、全て米国の責任だ」と米国側を厳しく批判したうえで、交渉を打ち切り、帰国すると宣言した。

私は徹夜明けでふらふらになりながら、何とか一報の原稿を東京に送った後、「立ちりポ」（現場での短い記者リポート）を収録した。

「米国側の一方的な主張を受け入れれば、日本国民が使用している自動車電話の利用が不可能になる。交渉はお互いに歩み寄り、譲歩し合って初めて合意ができるものだ。米国政府の反省を促したい」

そう言う小沢の言葉を引用しつつ、テレビカメラの前で伝えた。米国のあまりに独善的な要求に一週間以上も振り回され、路上で徹夜までさせられた私の個人的な怒りも滲んでいた。

だが、とにもかくにも仕事は一段落した。時差ボケと徹夜明けで朦朧《もうろう》とした頭のまま、東京にニュース素材を送り終わった後はホテルに直行していた。

ところが――。泥のように眠っていた翌二十八日の早朝。枕元の電話の呼び出し音で目が覚めた。

電話を取ると、小沢に同行している外務省の元秘書官だった。

「ああ、部屋にいましたね。よかった。いま、小沢先生に代わります」

「何か怒られるのか？」と動揺している私に、小沢は意外なことを言い出した。

「いいか、よく聞いてくれよ。交渉は決着した。分かるか？　間もなくヒルズと僕で合意することになった」

ますます動揺した。

「それは、えーと、ＵＳＴＲ側が、いやモトローラが納得したとか……」

「いいから、僕が言う通りに東京に伝えるんだ。『日米交渉は、小沢とＵＳＴＲのヒルズ代表の間で、大筋で合意する見通しになった』だ。中身は君も分からないだろうから、東京に取材してもらえ。七時のニュースに間に合うか？」

枕元の時計を見ると、午前五時を過ぎている。東京は夜だが、時差マイナス十三時間だから……。計算するより先に返事をしていた。

「間に合わせます。一つだけ、米国側が降りたということですよね。相手が降りれば、日本側も妥協案に上積みしてもいいと言ってましたよね。賭けに勝って、それで決着でいいですね」

「そうだ。詳しいことは、郵政省にもう報告がいっているから東京で取材すればいい。それともう一つ大事なことがある。僕から聞いたということは絶対に書いちゃだめだ。同行筋とかなんとか、うまくごまかしてくれ」

まるで新人記者がベテランデスクに指導を受けているみたいだと思いながら、私は言われた通りに東京に伝えた。

そして「日米電気通信交渉、一転して合意へ」というニュースが夜七時の番組のトップで報じられた。

その後の取材で分かったのは、米国側は小沢が席を蹴ったのはブラフだと見ていたが、小沢が帰国の航空券を手配したことを知り、慌てて日本側の譲歩案を呑むことを伝えてきたということだった。

これが小沢から初めてもらった特ダネとなったが、小沢がなぜ私に教えてくれたのかは、いまもって謎だ。

「あなたが路上で徹夜していたのを小沢先生はちゃんと見てたんです。私には『あいつはバカだから』いや、失礼、『頑張ってたから教えてやるか』と言ってましたよ。もちろんこれはオフレコですが」

電話を繋いでくれた元秘書官はそう解説してくれたが、それを真に受けるほど私もお人好しではなかった。小沢にしても際どい賭けだった難しい交渉をまとめあげた成果は、少しでも早く日本に伝えたいはずだ。その時、たまたま私が一番近いところにいたというだけのことだろう。実際、その後も小沢との距離感は大して縮まらず、ほどなくして本格的な小沢番になってからも、私は相変わらず、「早起きレース」に全力を挙げる毎日を送っていた。

——私がそんなことを思い出している間に、後輩記者はこの年にNTTドコモが提供を開始したデジタル式「ムーバ」を取り出して、操作の仕方や新機能をあれこれ小沢に説明していた。

小沢も「ふんふん」と聞いているが、どうも関心は持っていないようだ。自分で操作する気は端《はな》からないのだろう。

ワシントンでの決着によって米モトローラ社方式の携帯電話が一気に日本で普及すると思われていた。ところが、蓋を開けてみると、予想に反してNTTはじめ日本勢の製品のほうが急速に売り上げを伸ばした。小沢の「予言」通り、米国の市場参入が国内メーカーの開発競争を刺激したのだ。

その結果、携帯電話はかつての巨大な弁当箱のようなショルダーホンから、わずか数年で片手で簡単に扱えるほど軽量・小型に進化してきた。まだレンタル方式で、私たちも会社で契約したものを共有で使っているが、もうすぐ買取式が発売されるという。そのうち値段が下がれば、一人一台携帯を持つ時代が来るのだろう……。

しかし、そのきっかけをつくったのが、この不器用そうな政治家だということを世間の人々が知ることはないのだろうとの確信もあった。

憲法五十九条

一九九三年の景気の低迷は、秋に入って次第に深刻さを増していた。

記録的な冷夏の影響でコメの作況指数は「著しい不良」を示す九〇をさらに大幅に下回る七四まで落ち込み、コメ不足が現実の問題になっていた。政府は、外国産米の緊急輸入に踏み切るが、なし崩しのコメの輸入自由化を恐れる農業団体が緊急輸入米を積んだ貨物船の周りで海上デモをする騒ぎまで起きた。

自民党だけでなく与党の社会党内からも、「自由化反対の国会決議」を提出する動きが表面化する。これを小沢、市川、米沢の「ワン・ワン・ライス」が力ずくで潰す出来事も起きた。

連立政権内の軋みは徐々に拡大し、政治改革法案の審議入りも遅れに遅れた。政治改革法案に関する自民党との修正協議を巡っても、連立与党内部の路線の違いが鮮明になってきていた。

小沢は本来、自民党案と同じ「小選挙区三百」が持論だった。しかし、自民党寄りの修正をすれば、社会党が抵抗する。連立離脱を言い出すかもしれない。それならば、とにかく衆議院通過を最優先にして、八月にまとまった原案通りの小選挙区二百五十、比例二百五十の与党案で、採決に踏み切るしかないと考えていた。それでも自民党の一部が賛成に回る可能性もあった。自民党の推進派の若手議員などからは、密かに採決後の離党、連立与党への参加の意向も伝えられている。

一方、社会党に配慮して小選挙区二百五十案に固執していたはずの武村は、自民党との妥協を主張し始めていた。三百と二百五十の間をとって二百七十五であれば、自民党も乗れると言っているとの情報もあった。武村は「自民党と交渉もしないで強行採決はすべきでない」と周辺に語っていた。

しかし、小選挙区二百七十五の案では社会党の離反を招きかねない。小沢と共同歩調を取っていた市川も、逆に社会党が呑めない修正はすべきではないとの立場に変わっていた。連立与党内の意見対立は、次第に深く、そして複雑になりつつあった。

与党内の空気が険しさを増していた十月十八日夜。私は、久しぶりに清水谷にある参院議員宿舎の平野貞夫を訪ねた。

平野は座卓に原稿用紙を広げて何かを書いていた。

「総理から頼まれましてねえ。このまま何の譲歩もなしで強行突破となると与党内が持たない。修正も考えるように小沢先生を説得しろと言うんですわ」

「小沢さん、強行突破論ですからね。中途半端に妥協しても、社会党はまとまらない。いっそ自民党も社会党も分裂させて、ガラガラポンにしたほうが手っ取り早いんじゃないですか」

私がそう言うと、平野は笑いながら答えた。

「あんたも過激ですなあ。小沢先生はもっと柔軟ですよ。とにかく法案を通すことが大事。小選挙区にすれば、いやでも再編です。衆議院さえ通せば、参議院は何とかなる。憲法五十九条がありますから。そのためのシミュレーションもつくっているところです」

私は衆議院手帖の付録に載っている憲法五十九条を確認した。

そこには「衆議院で可決し、参議院でこれと異なった議決をした法律案は、衆議院で出席議員の三分の二以上の多数で再び可決したときは、法律となる」「参議院が、衆議院の可決した法律案を受け取った後、国会休会中の期間を除いて六十日以内に、議決しないときは、衆議院は、参議院がその法律案を否決したものとみなすことができる」とある。

仮に参議院で否決されても再議決、審議ボイコットで採決できなくても衆議院通過から二か月後まで会期を延長しておけば再議決できる。いずれの場合も、そこで衆議院の三分の二が賛成すれば法案は成立する。

再議決は戦後まもなくは度々行われた。しかし、一九五五年つまり五五年体制が成立した後は、自民党の一党支配が続く一方、憲法改正に必要な三分の二の絶対多数が形成されたこともなかった。そのため衆議院での再議決はほとんど行われていない。

それが、自民党が野党に転落したことで、流動化してきたのである。

「しかし、それでも衆議院で三分の二なんかないですよね。これを使うには無理があるのでは」

私がそう尋ねると平野はこう言った。

「自民党の改革派が大量に賛成に回ります。もし足りなくても、それで解散すれば圧勝です。そのシミュレーションですよ」

長い議会事務局の経験があるとはいえ、平野の話には、「本当にそんなことができるのか」としばしば思わされることがある。四十年近く使われていない「衆議院再議決」という手段で正面突破を図ると聞いた時も、私はとっさに無理があるのではと言ったが、「もし数が足りなくてもそれで解散すれば圧勝です」という言葉を聞いて、平野の真意が分かったような気がした。

確かに自民党の中には、法案が成立しないようなら離党すると公言する若手議員もいる。自民党執行部が最も恐れているのは、党が再び分裂することだ。その状況で解散されたら、今度こそ自民党は壊滅的な打撃を受けると恐れるに違いない。平野の、いや小沢の本当の狙いは、自民党や社会党の抵抗を封じるために「解散カード」に現実味を持たせることではないか。私はそう考え始めた。

だが、それにしても法案を衆議院で可決することが先決だ。正面突破の作戦に持っていくためにも、まずは社会党内の造反を防がなければならない。そのためには譲歩と妥協がさらに必要となる。

平野の部屋を出て、衆議院手帖に「憲法59条　3分の2再議決　解散?」とメモしながら、私は「やはりこれは無理筋だな」とつぶやいていた。

ドーハの悲劇

一九九三年十月二十八日、中東カタールの首都・ドーハでは、翌年米国で開かれるサッカー・ワールドカップのアジア地区最終予選が行われていた。

日本代表は、ここまでグループリーグ一位。日本のサッカー史上初めてとなるワールドカップ本戦出場に王手をかけて、最終戦のイラク戦に臨もうとしていた。

この年の五月にプロサッカーJリーグの最初のシーズンが開幕した。そんな事情もあって、以前なら目標ですらなかった夢のピッチに手が届くかもしれないと、ちょっとしたサッカーブームが起きていた。日本時間の午後十時過ぎから始まるテレビ中継は、高視聴率が予想されていた。

永田町では、連立与党と自民党がそれぞれの政治改革法案の主張を譲らず、膠着状態が続いていた。こうしたなかで首相の細川は、宮澤や中曾根、竹下など歴代の自民党の首相経験者と相次いで会談し、様々なルートで自民党に話し合いのテーブルに着くよう働きかけていた。その結果、ようやく与野党の修正協議が始まろうとしていた。

そんな緊迫した政治情勢の最中だ。夜回り取材を欠かすことはできない。しかし、午後十時からのテレビ中継を見逃すわけにもいかない。

悩みを抱えていたのは、政治家の側も同じだった。連日、夜回り攻勢を受けている政治家の中には、「サッカー中継につき今夜は夜回り禁止」とお触れを出す者さえいた。どこかの派閥の幹部が「自宅で一緒に観戦しよう」と記者を誘っているという話も小耳にはさんだ。私は、「これだ！」と思った。

日頃、サッカーの話題で盛り上がっていたある政治家の顔が浮かんだ。民社党の若手有望株と評判の川端達夫だ。

滋賀県出身の川端は、京都大学工学部の大学院を出た東レのエンジニアだったが、組合活動で頭角を現し、衆院議員となった異色の代議士だ。

民社党内では連合の組織内議員として米沢と近く、若手のホープと目されていた。理系らしい分析力と洒脱な話術で記者たちからも慕われていた。米沢を通じて小沢や市川の動きもよく見ていた。そのうえ、自分の親分たちの行動でも客観的に、むしろクールに見ているところがあった。政治の渦中にあるプレーヤーが自分たちを客観的に見ることは難しい。その意味でも、私たちにとって川端は貴重な取材対象だった。

川端と相談し、夜回りの常連記者で焼鳥や缶ビールを買い出しして、赤坂議員宿舎の川端の部屋に集合する。夜回りとサッカー観戦を両立させるアイデアだ。

言い出しっぺの私は、一番に川端の部屋に行って、酒とつまみの準備のついでに取材もしていた。

「政治改革法案も、なんとか与野党の修正協議に入りそうですね。米沢書記長がメンバーになるという噂ですが」

「ワン・ワン・ライスでやるのが一番いいと僕は思ってるんやけど、小沢さんは外れるらしい。社会党は、小沢だけは勘弁してと言っている。市川、米沢にさきがけの園田（博之）になるという話や。社会党にも武村官房長官にも気を遣ったということだろうね」

園田は、さきがけの代表幹事として代表者会議に出席している。細川・武村の信頼が厚く小沢とも関係を築いていた。

「園田さんというのは、いい人選かもしれませんね。勉強家で霞が関の評判もいい。細川さんとも熊本繋がりだ。ひょっとすると、武村官房長官より信頼されているかもしれないですね」

「ただ、修正協議に対する幹部のスタンスがおかしなことになってきた。社会党に配慮して修正はまかりならんと言っていた武村さんが、自民党と妥協すべきだと言う。官房長官として自民党との協議を仕切りたいのか、先送りを狙ってるのかよく分からん。逆に、市川さんが修正はいかんと言う。時間切れが近いから、社会党も納得させて採決だけはメドをつけようということだろうな。攻めるか、守るか、難しい状況になってきた……」

私も、このところ感じていたことを話した。

「小沢さんと、武村さんや村山さんとの関係がギクシャクしたままだと、自民党との対決も難しくなりませんか」

川端は、少し表情を曇らせながら続けた。

「小沢さんは、攻めには強いが守りに弱いタイプと違うか。自民党だけでなく、社会党の守旧派も、土壇場で反対に回る心配がある。連立与党の中で、少しでも味方を増やさないとならん時に、『黙って俺の言うことを聞け』みたいな態度は最悪だ。社会党だけでなく、さきがけの中にも結構不満が溜まっているよ」

「小沢さんは、親分が右と言えば黙って右を向くと、田中派以来の『軍団』で闘ってきましたから。自民党を倒す時は派閥抗争だったから、それでうまくいったんですがね」

私も小沢の弱点は「守りに弱い」ことだと考えていた。

「特に僕らのようなサラリーマン出身の議員は、その辺がついていけん。小沢さんは、組織に属したことがないから分からんのかなあ。最後の詰めで失敗しないといいんだが」

そんなことを話しているうちに、担当記者が三々五々集まってきた。

午後十時過ぎ、キックオフとともに、私たちは大いに盛り上がった。赤坂議員宿舎の一室はまるでスポーツ・バーのようになっていた。

試合開始早々、カズ（三浦知良）がヘディングシュートを決めて、日本代表が先制点を入れる。「ヨッシャー！」と歓声が室内に響く。後半、イラクに同点に追いつかれると落ち込み、ゴン（中山雅史）のシュートで再び勝ち越すと絶叫が起きた。

「そこで一気に攻めろ」「いや無理をするな」「危ない危ない！」

テレビに向かって叫んでいるのだが、その試合の展開と政治改革法案を巡る攻防が次第にオーバーラップしてきたように感じた。川端も同じ心境だったようだ。

後半二－一でリードしたままロスタイムに入る。

誰ともなく「何とかいけそうだ。ロスタイムを乗り切ればワールドカップだ。政治改革法案も、ギリギリで成立して逃げ切りだ」と声が上がっていた。

残り時間がほとんどなくなった時、イラクがコーナーキックのチャンスを得た。嫌な予感が私たち全員の脳裏をよぎった。そして、ショートコーナーから上がった緩いクロスボールをイラク選手が頭でゴールに押し込んだ。

この瞬間、手が届きそうだったワールドカップ本戦出場がするりと落ちていったのだ。ピッチに崩れ落ちる日本代表の選手たち。テレビの前の私たちも崩れ落ちた。

やはり床に崩れ落ちた川端は、天井を見上げたまま、つぶやいた。

「嫌なもの見た。政治改革法案も危ないな……」

これが私たちにとっての「ドーハの悲劇」の記憶となった。

権力の二重構造

十一月に入ってようやく政治改革法案に関する与野党の修正協議が始まった。連立与党側からは市川、米沢、園田。自民党側は、幹事長の森喜朗、政治改革本部長の三塚博、政調会長代理の津島雄二の三人だ。小沢はあえて外れて、水面下で様々な動きをしていた。自民党の実務者と接触し、妥協の範囲を探りながら、「離党予備軍」の若手議員たちとも密かに連絡をとっている。

しかし、与党内、特に社会党は依然として小選挙区への抵抗が強く、自民党との溝はなかなか埋まらない。状況を打開するために、十一月十五日には細川と自民党総裁である河野のトップ会談も行われた。細川が独断で「小選挙区二百七十四、比例二百二十六」という妥協案を示したが、今度は河野が決断できず、交渉は決裂した。

これを受けて、小沢らは一方的に政府案を修正して採決を強行し、十八日には衆議院本会議で採決に踏み切った。与党社会党から五人の造反者が出たが、政界を驚かせたのは自民党からも西岡武夫や石破茂ら十三人が賛成し、海部俊樹や後藤田正晴ら七人が欠席したことだ。予想以上の造反が出たことで自民党執行部は、除名などの厳しい処分は見送った。強硬姿勢で臨んで離党者が増えることを恐れたからだ。

こうして第一の関門、法案の衆議院通過は会期末まで残り一か月を切った十一月十八日にようやく突破することができた。

しかし、社会党内の「反対派」はますます不満を強めた。自らが主導して自民党との修正協議を進めようとしていた武村も、梯子を外されたかたちになり、小沢に対する敵愾《てきがい》心を募らせていった。

さらに、会期末が迫るにつれて、減税などの景気対策のために次年度予算の早期編成を優先すべきだという声が経済界や労働界から上がってきた。そのため「会期延長」と「予算編成」のどちらを優先させるのか、連立内の対立は一段と先鋭化していた。

会期延長をしなければ、政治改革法案は年内に成立させると明言した細川が約束を破ったことになる。その言葉通り、政治責任を取らざるを得ない。しかし、予算編成を先送りすれば、国民生活にも影響を与えかねない。それも首相の政治責任に直結する。連立与党内は、重大な岐路に差しかかっていた。

そんな頃のある夜、高輪の議員宿舎で米沢を待っていると、同じ高輪宿舎に住む野中広務が一人で帰ってきた。

「お久しぶりです」と私が声をかけると、野中も「おう、あんたか。元気か」と言いながら私のみぞおちのあたりに軽くパンチをくれた。

野中は、小沢より十七歳年上で、京都の園部《そのべ》町長や府議会議員、副知事を経て国政に出た叩き上げの議員だ。その波乱に富んだ政治経験と独特の鋭い洞察力で、竹下派の中では一目置かれる存在になっていた。かつては「小沢を総理にしたい」と公言していた側近議員の一人で、その頃は私も頻繁に野中の部屋に夜回りをかけていた。

しかし、竹下派分裂に際しては小沢の行動に「金丸事件を利用した派閥乗っ取りのクーデターだ」と強く反発した。それ以来、「小沢は自分への批判をかわすために政治とカネの不祥事を選挙制度の問題にすり替えた。しかも、自らを『改革派』と称し、かつての仲間を『守旧派』と攻撃する卑劣な政治家だ」と激しく批判していた。

竹下派の分裂は、派閥担当記者の間にも亀裂を生んだ。どちらの側に立つのか政治家が記者を選別し、記者同士も「陣営が違う」と互いに警戒し合うような険しい空気が漂った。私自身は、野中と関係が悪化したとは思っていなかったが、周囲の雰囲気が険悪になるにつれて、野中への夜回りは遠慮するようになっていた。竹下派が分裂して以降、一年以上取材に行っていない。

そんなことは、まるで気にしていないと言うように気安く言葉をかけてくれた野中の態度に私もホッとした。

「おかげさまで元気ですが、いまは、連立与党担当で、あちこちからボコボコにされてグロッキー状態です」

そう言いながら、野中についてエレベーターに乗った。派閥担当がいなかったのか、居合わせたほかの記者はついてこない。

「さよか。大変だね。小沢先生にかき回されているからなあ。でも小沢先生も孤立しているのと違うか。特に社会党の連中の中には『とても小沢にはついていけん』と泣いてるのもおりますな。それに、景気も悪くなって、庶民の生活は苦しい。そんな時に政治改革と言っても世間はついてこんでしょう」

エレベーターは五階で止まり、私は、薄暗い廊下を野中の部屋の前までついていった。

「改革、改革というが、それで暮らしがよくなるのか、景気が回復するのか、何の説明もないわね。庶民が本当に望んでいる改革は何なのか。それを見失うと大失敗しますよ。私も梶山さんもいままで謹慎していたが、これから反転攻勢に移る。そう小沢先生に伝えといて」

野中はそう言うとドアを開けながら「寄っていくか」と尋ねた。私は少し迷ったが、「今日はやめときます。そのうちゆっくりお話を伺います」と答えた。野中は「さよか。

ならその時に」と言って、ドアを閉めた。

結局、それ以降、私がその野中の部屋を訪れることはなかった。

この頃、梶山は『月刊文藝春秋』に「わがザンゲ録」という手記を載せた。

梶山はソ連崩壊で劇的に変化した世界構造のなかでも対応できるような政治システムをつくることこそが政治改革だと訴えた。そして小沢について〈一つの目標、目的を持つと手段を選ばないでやっていくのが彼の強みではあるが、やはり革命者というのは大衆を犠牲にするんですね〉と書いた。小沢の剛腕が、周りを不幸にするのではないかと恐れ始めた連立与党の政治家たちを意識したものだった。

小沢は細川連立政権を樹立し、三十八年ぶりの政権交代の立役者としてマスコミの間でもてはやされていた。だが次第に「やり過ぎだ」「強引だ」との批判が目立つようになり、悪役イメージが復活していた。

社会党委員長の村山や官房長官の武村との軋轢は徐々に深刻化していた。マスコミの間では圧倒的に村山や武村の行動のほうが分かりやすいという論調が多かった。細川は操り人形で、与党内のことは全て小沢と、市川、米沢が決めている——そんなイメージまでが広がっていった。「権力の二重構造」との批判が当然の事実として語られるようになっていた。

全てオープンにすると言って始めた記者会見も問題が露呈していた。コメの輸入自由化問題や政治改革法案の修正問題を巡って、自分に確認しないで間違った記事を書いたとして二つの社の会見を拒否したことで、記者クラブと全面対決する事態に発展していた。

現場の記者たちが苦労して関係正常化を図っても、「メディアに協力しないのは国民の知る権利の否定だ」と小沢の態度を社説や解説記事で厳しく批判する社も多く、関係はこじれる一方だった。小沢は、自民党との最終決戦を前に与党内でも村山や武村との闘い、加えてマスコミとも対決する多正面作戦を強いられていた。

小沢と対立し続けた武村正義

第9章　冬の嵐

側近更迭

自社双方から造反者が出る際どい局面を乗り越え、政治改革法案は、ようやく参議院に送られた。しかし、予想されたことでもあったが、参議院の「自社五五年体制」は衆議院よりも強固だった。参院自民党の抵抗で法案審議は遅れ、「お経読み」と呼ばれる本会議での法案の趣旨説明が行われたのは、十一月二十六日。会期末まで一か月を切っていた。それは細川が「政治改革法案を年内に成立させられなければ政治責任を取る」と公約した期限とも重なる。

「コメの部分自由化の方針決定も控え、法案処理にはもはや一日も無駄にできない」

小沢の周りには焦りにも似た重苦しさが漂っていた。

そんな緊張感のなかで迎えた十二月一日、思わぬ事態が起きる。

その夜、新生党の同僚議員の会合で講演した小沢側近の防衛庁長官・中西啓介が「半世紀前にできた憲法に後生大事にしがみついているのは、どう考えてもまずい。立憲の精神は尊びながら、みんなで議論してつくりかえていくべきだ」と発言したのだ。

これに真っ先に反応したのが自民党だった。

「閣僚の憲法順守義務に違反する」と中西の発言を問題にし、翌日の国会審議は度々中断した。改憲を党是とする自民党が、憲法見直しに触れただけで罷免《ひめん》要求までエスカレートさせる。自民党のなりふり構わぬ態度に細川は危機感を抱く。

このままでは、護憲派の社会党からも批判が噴出し、混乱が生じかねない——。

細川の決断は早かった。更迭やむなし。小沢も無論、従うしかない。中西は、翌二日に辞表を提出した。最側近として自民党時代から小沢を支え続けてきた中西であっても速やかに切る。小沢としても苦しい決断だったはずだ。

最終局面での最側近の失言は、その後の小沢の計算に少しずつ狂いを生じさせることになった。国会は空転し、政治改革法案の参議院での審議入りはますます遅れ、残り時間はなくなりつつあった。

嵐の一週間

首相官邸の南側に隣接して、首相の住まいとして使われる公邸がある。官邸と似通ったアールデコ様式で、一九二九年に建てられた。

一九六〇年代に改修されたが、内装は古びて薄暗く、五・一五事件や二・二六事件の血塗られた歴史の記憶からか「幽霊が出る」という噂も囁かれた。公邸に住むことを嫌った首相も少なくなかったが、細川は就任してからずっと公邸に住んでいた。

日本の首相は、一日中記者に見張られている。新聞には「首相動静」「首相の一日」などの標題で首相の一日の行動が分単位で載っている。日中は各社の総理番記者が十数人で首相を追いかけ、誰と会ったか、何を話したか、手分けしてチェックする。

早朝深夜の時間帯や週末は、共同通信と時事通信の二社の代表取材だ。この二社は協力して、首相の外出や出張の際にも切れ目なく張りつく。「番車《ばんしゃ》」と呼ばれる専用の車が首相の車列に組み込まれて、首相が行く先のどこへでも同行する。起床から就寝まで首相に動きがあり次第、各社に配信される仕組みだ。

そうした監視の目をかいくぐって極秘会談をするのに、首相公邸は実は使いやすい場所だった。基本的に来客は専用の玄関から出入りするが、首相執務室がある官邸とは渡り廊下で繋がっている。玄関を避けて中庭を通り抜けることもできた。さらに、官邸の南側の坂を下ったところに普段は使われていない「坂下門」と呼ばれる門があった。そこから秘密裡に出入りすることも可能だった。

過去、与党の幹部が配送業者の荷物に身を隠して公邸に入ったとか、夜陰に乗じて坂下門から公邸に入った大物議員がいるとか、真偽が定かでない伝説が語り継がれていた。私が総理番だった時代にも、政局が緊迫すると各社の総理番記者が手分けして、坂下門や官邸から公邸に繋がる通路の前で張り番をしたこともあった。それでも、動静を完璧に把握するのは難しかった。

十二月五日の日曜日、細川は終日公邸で過ごしていた。翌日の新聞に掲載された細川首相の動静欄の記述もごく短い。

「▽午前中は公邸で資料整理などして過ごす。▽一二時一二分　内田健三東海大教授。▽一四時三〇分　田中首相特別補佐。▽二二時五分　武村官房長官」

細川のブレーンの内田健三や首相特別補佐の田中秀征と会っているのは特段変わったことではない。武村が夜遅くに来ているのが目を引くが、ごく平穏でありふれた日曜日のようにも見える。しかし、実際にはこの日、公邸には動静には出ていない与党幹部が集まり、その後の連立与党の運命を左右する重大な決定が行われていた。

前出の細川の首相時代の日記『内訟録』で明らかにしたのは次のような動きだ。

〈12月5日（日）晴

いよいよ〝嵐の一週間〟へ。

午後　政改（政治改革——引用者注）法案が年を越したる場合の政治責任の取り方につき、成田秘書官と打ち合わせ。1月まで延長し、法案成立せざるときは解散の肚《はら》を固む。

夕刻　小沢一郎氏、続いて市川雄一氏公邸に。

来年1月一杯まで会期を延長し、憲法59条第4項*の発動でいくことを改めて確認。予算は年越し、思い切った第3次補正で対応すべきことも確認せり。

その後、斎藤大蔵次官、小村官房長も交えて、増減税問題につきて協議す。増減税ワンセット論は、国民の反発を招くのみ。増税をするなら減税の要なしとの声が国民の大勢なることに、大蔵は未だ鈍感なり。景気対策としての減税と、高齢化社会に向けての増税を切り離してやるべしと、自分や市川氏は主張すれども、彼らはあくまでワンセット論を譲らず。財布を預かる立場にある者として、それも判らぬではないが、国民を信用せざること甚だし。小沢氏は終始沈黙。

深更　武村官房長官、成田秘書官。官房長官は、減税のみで予算は年内編成すべしと。

＊60日以内に参議院で議決せざる時は、否決したるものとみなして両院協議会を開くか、もしくは衆議院の3分の2以上の多数で再議決することができる〉（細川護熙著『内訟録』、日本経済新聞出版社刊）

成田秘書官とあるのは、国会図書館の政治議会課長から細川の首席首相秘書官に登用された成田憲彦のことだ。細川は、各国の議会や選挙制度に精通していた成田を身近に置いて、法案の内容だけでなく、政局への対応についても意見を聞いていた。法案が越年した時の政治責任の取り方を打ち合わせていたことからも、いかに信頼が厚かったかを窺うことができる。

そして、この日の記述で特に興味深いのは、細川が小沢と市川を密かに公邸に呼び、政治改革法案の最終方針を決定している事実だ。

年内の法案成立は絶望的になり、与党内でも景気対策の減税を盛り込んだ予算編成を優先すべきだとの声が強まっている。社会党が強硬に反対するコメの部分自由化もこれ以上先送りできない。細川政権は、こうした難題にあと一週間程度で結論を出すことを迫られていた。その「嵐の一週間」をどう乗り切るか。

細川が下した結論は、与党内の抵抗を押し切って予算の年内編成を諦めること、そして法案採決までの時間を確保するため会期を延長することだった。しかも、平野が検討していると言った「憲法五十九条」の発動についても細川は腹を固めていた。どんなに抵抗が強くても、時間をかけてでも、選挙制度改革を必ず断行するという細川の強い決意が伝わってくる。

この頃、多くのメディアが、実力者小沢と盟友武村の間で細川が板挟みになりながら、最後は強引な小沢に押し切られていると「権力の二重構造」の問題点を盛んに報じていた。

なかには、小沢の強硬姿勢に細川も不安を覚え、徐々に小沢離れを起こしているという報道もあった。

だが細川日記を読む限り、実態は違っていた。むしろ細川が小沢と市川の「一・一ライン」に明確に軸足を置いていたことを窺わせる。方針を確認した後、夜遅くに武村を呼び出しているが、武村については「減税の切り離しと予算の年内編成を主張した」としか書かれていない。

いずれにしても細川政権は、嵐の真ん中を突っ切ってでも法案を成立させ、その後の政界再編に向かって舵を切っていくことを決定していた。

それは当時多くのマスコミが流布《るふ》していた「権力の二重構造」とは違って、細川が主導権を握って政権を率いていこうとする姿であった。

そして「真冬の嵐」がやってきた。

はじめは自民党政権時代から懸案となっていたコメの輸入自由化問題だった。

コメの輸入は絶対に認めないとする方針こそ自社五五年体制で固く守られてきた聖域だ。

「一粒たりとも外国産米は入れない」という国会決議が何度も繰り返され、自由化を認めない一点で自民党も社会党も結束していた。

しかし、一九九三年になって農産物の輸入自由化に強くこだわる米国だけでなく、ＥＵからも圧力が強まった。それにより日本は国際的に孤立する瀬戸際まで追い込まれていた。

政権交代を受けて、農水省や通産省の対応も大きく変化していた。官僚たちも時代の変化を感じ、日本だけが貿易自由化の大きな流れに抵抗することは難しいと考え始めていたのだ。様々な曲折を経て、十二月七日の政府与党首脳会議で細川は、「コメの関税化は六年間猶予する代わりに、一定量の輸入枠を設ける『ミニマム・アクセス』を受け入れて段階的に拡大していく」という米国・ＥＵとの最終案を示し、「自由貿易体制の恩恵を受けている日本は、応分の負担を負わざるを得ない」と事実上の受け入れ方針を表明した。

予想通り、社会党は大混乱に陥った。国会決議で「一粒たりとも輸入しない」としてきたコメの輸入自由化問題で、よりによって自分たちが与党にいる時に決断を迫られたのである。

野党となってこれまでの方針と一八〇度態度を変えた自民党よりも、与党の責任を背負うことになった社会党のほうが厳しい立場に置かれていた。離党届を出す議員も出始め、党内議論は紛糾する。細川も小沢とともに社会党が政権から離脱する最悪の事態も想定しながら対応を練り始めた。

そして、またしても小沢、市川、米沢が強引に与党協議を推し進め、最後は細川の強い意思で社会党の抵抗を押し切り、「一部自由化受け入れ」で決着させた。歴史的な偉業ではあったが、このドタバタ劇で連立政権は、さらに傷口を広げた。

角栄の死

コメの輸入自由化問題が決着し、翌年一月二十九日までの国会会期の延長が決まったのは十二月十五日のことだった。

残り四十五日での最終決着に向けて細川政権が最後の陣立てを整えようとしていた翌十六日、もう一つ政界にとって節目となる出来事が起きる。元首相・田中角栄の死だ。

田中は、自民党が昭和時代につくり上げた政治システムを象徴する政治家だった。「今太閤」とも「コンピューターつきブルドーザー」とも呼ばれた輝きを放った。しかし、一九七六年に発覚したロッキード事件で刑事被告人となる。それでも裁判闘争を続けながら復権に執念を燃やし、自派閥を拡大させた。そのことから「闇将軍」とも称された。

後年は、腹心の竹下が一九八七年に田中派を割って派閥を立ち上げ、息子のように寵愛《ちょうあい》していた小沢までが自分のもとを去ると、影響力の低下は隠しようもなくなり、失意のうちに病に倒れた。

八年間に及ぶ長い療養生活で永田町での存在感も薄れてはいた。それでも角栄の死は教え子とも言える小沢や羽田、細川はもちろんのこと、多くの政治家に様々な思いを抱かせた。その全盛期を知らない私にとっても、田中の死は一つの起伏に富んだ時代の幕が閉じた印象を強く与えるものだった。

田中角栄の死は政界の一つの節目とも言えた

とりわけ小沢にとっては特別な意味があった。

父・佐重喜の急逝を受けて代議士になった小沢は、田中を政治の師と仰いだだけでなく、「目白のオヤジ」と呼んで父親のように慕った。田中も幼くして亡くした長男と生まれ年が同じである小沢を息子のように目をかけた。

しかし、ロッキード事件で政治の表舞台を追われた田中が復権を夢見て「闇将軍」となるにつれて小沢の思いは複雑になっていった。

田中角栄という存在は、小沢にとっては巨大な「壁」だったのかもしれない。若く庇護されているうちは居心地がいいが、自分自身が権力を握るためにはいつかその壁を越えるか、破らないと前に進めない。しかし、ともに角栄を倒した竹下が今度は新たな壁となって立ちはだかり、それもまた乗り越えていかなければならなくなった。角栄の死は小沢に政治の非情さと終わりのない苦闘の日々を思い起こさせる出来事だったはずだ。

その夜、小沢は様々な感情に押しつぶされるような状態で、延長後の国会運営を打ち合わせるため細川が待っている首相公邸に向かった。

同じ頃、私は一緒にドーハの悲劇を目撃した民社党の川端と数人の担当記者とで議員宿舎に近い赤坂の居酒屋でささやかな忘年会を開いていた。

いろいろな出来事があり過ぎて、年忘れどころか忘れられないことばかりだったと思ったら、とうとう角栄さんまで死んでしまった。昭和の政治が本当に終わったような気がする。そんな話をしているうちに、川端がテーブルの紙ナプキンに何かを描きながら話し始めた。

「考えてみれば、細川総理も小沢さんも元は田中派。武村さんは、僕は同じ選挙区（滋賀全県区）だからよく知っているが、田中派の現職議員がいたから当時の安倍派に入った。だけど、元々は角栄さんの『日本列島改造論』を書いた役人の一人、隠れ田中派。みんな角栄の子供たちやないか」

そう言って、紙に細川を頂点に、武村と小沢の三角形を描き、その二人の間に×をつけた。エンジニア出身の川端は、図を描きながら説明するのが得意だ。

私たちは、「そうか。兄弟げんかみたいなもんですね」と合いの手を入れる。

「そうそう。隣の自民党という家と争いごとが起きているんだが、隣の家を潰してしまえと言う小沢さんに、もっと穏便に話し合おうと言う武村さんが大喧嘩になってしまった。

長男の細川さんは、両方にいい顔するもんだから、ますますエスカレートして、このままだと、隣の家を壊す前に、自分の家を壊しかねない。えらい危険な話や」

私たちは大笑いしたが、確かにこれは政権にとって深刻な危機になりかねない。

川端は続けた。

「それに世間の評判は、武村、村山のほうがいいよね。小沢・市川の一・一ラインはすっかり悪役だ。僕は、それが連立与党全体のイメージを悪くしないかが心配だ。最後の決戦を前に身内で喧嘩していては勝てんよね」

「米沢書記長は、どう考えているんですか」

「米沢さんは、『小沢は分かっているから心配するな』と言う。でも小沢さんには武村さんや細川さんの気持ちは、やっぱり分からないと思う。二人とも自分だけの力でここまで来た。軍団の中で頭角を現した小沢さんとは、全く違う。特に武村さんは、危機感が強い。このまま小沢ペースで法案が上がったら、その先は政界再編だ。武村さんは外されてしまう。どうしても主導権を握っておかないと生き残れないと思っているんだよ。全体を考えている人と自分が第一と考えている人の闘いだ。そう簡単にいかないと僕は思うがな」

いつものように、川端らしい理詰めで冷静な分析だ。やはり事態は絡み合い、さらに複雑さを増していくのではないか。私はそんな予感がしていた。

田中が死去した夜、首相公邸では一人で訪れた小沢と細川との間で緊迫したやりとりが交わされていた。

前出の細川の『内訟録』によると、その夜、公邸に現れた小沢は〈田中元首相が亡くなりしショックからか、あるいは別の理由によるものか〉極めて機嫌が悪く、〈武村氏が政権内にいること自体が問題であり、自民党に通じている彼がいれば政治改革は不可と断ぜざるを得ず〉と武村の更迭を強く求めた。そして小沢は〈その返事があるまで自分は休ませて貰う〉と言ったという。

細川は、それは政治的に考えて成り立つ話ではない、そのようなことをすれば〈政権、連立与党の崩壊につながるは火を見るより明らか〉と諭すように言ったというが、小沢は納得せず十五分ほどで席を立ったという。実際は、もっと激しい言葉の応酬があったのだろう。

驚いた細川は、電話で羽田と話をし、小沢との取り成しを頼んだ。そして、さきがけの武村、園田、田中秀征を公邸に呼んで、事の経緯を説明した。細川の困惑ぶりがよく分かる。

さらに細川は小沢を、〈今日の政界の中で傑出した戦略を持ち、それを実行する力量を持ち合わせたる人物〉と評価しながらも、〈この大事な時に内輪の争いなど以《もっ》ての外《ほか》のことなり〉と手厳しく記している。

しかし、小沢は、まさにこの大事な時だからこそ内輪の争いに決着をつける必要があると考えていた。

武村は、社会党の村山と歩調を合わせて政治改革法案よりも予算編成を優先すべきだと主張していた。それでは、やっとの思いで国会の会期を延長したのに予算編成に時間をとられ、法案成立が危うくなりかねない。そのうえ、コメの自由化問題でも自民党幹部と半ば公然と接触していた。この状況で武村の独自の動きを許していては、法案の成立が危うくなる。その危機意識が細川にあるのかどうか。小沢の苛立ちの裏にはそんな細川との意識のずれがあった。

その日を境に小沢は、公の場に一切出てこなくなった。

小沢欠席のまま開かれた政府与党首脳会議では、公明党の市川が「社会党の態度は与党第一党のものとは思えない」と八つ当たり気味に社会党の書記長の久保亘を批判して言い争いになったりもした。それ以降、与党の会議は次々に中止となる。小沢不在の理由は表向き「自宅で静養のため」とされたが、その間も小沢は沖縄の新生党議員の会合に出席し、国会周辺でも姿が目撃されていた。

田中角栄が死去した十二月十六日に「武村を切れ」と首相公邸に怒鳴り込んだという噂も流れ、武村の更迭に応じない細川に怒って「雲隠れ」したのだと言う者もいた。二十日には、記者会見で小沢不在の理由を聞かれた武村が、「検査入院ではないか」と言ったことから重病説まで流れた。

政治改革法案を巡る最後の与野党攻防を目前にして、小沢の不在は様々な影響を与えていた。いったい小沢はどこで何をしているのか。メディアの関心もそこに集中している。

私は、これまでも小沢が雲隠れした時に見つけた場所を幾つか思い起こしてみた。こういう場合、小沢は個人事務所ではなく、普段はあまり立ち寄らない議員会館の事務所を拠点にすることがあった。そういう時は……。私はある場所を思いついていた。

水島

衆議院の第一議員会館地下二階に小沢が行きつけの理髪室・水島がある。

小沢が椅子に座ると、お気に入りのカセットテープで美空ひばりや古賀メロディーがかけられる。番記者時代には、小沢が散髪している間に、入り口横のソファで週刊誌を読んだりしていた。しかし考えてみると、無駄に待機して時間を潰しても仕方ないので、時々お客になって小沢の隣で散髪してもらった。私もすっかり常連になっていた。

「久しぶりにやってみるか」

私は現役の番記者時代の手を使ってみることにした。小沢が散髪に行くタイミングはだいたい分かっていた。水島に電話して予約が入っているかどうか確かめる。もし予約が入っていれば、頃合いを見て店で捕まえる。小沢の機嫌がよければ、話ができる。悪ければ、無駄足になる。それだけのことだ。

小沢が雲隠れしてから一週間過ぎたその日、水島に電話を入れると、私たちが「水島のママ」と呼んでいるオーナーが「小沢先生？　いま、いるわよ」と教えてくれた。

議員会館の地下二階まで降りて水島に入ると、代表幹事付きのSPがいた。あまり話をしたことはないが、お互いの顔は知っている。小沢の定位置、一番奥の席のほうから古賀メロディーが聞こえてくる。

「先生、ご機嫌はどう？」と聞いてみたが、SPは黙って指でバツをつくった。

しばらくすると奥のほうから「ああさっぱりした。ありがとう」と言う小沢の声が聞こえた。席を立って背広を着せてもらうと、出口のほうにやってきた。

一目見ただけで、これまでで最悪かもしれないと思うほど機嫌が悪いことが分かった。よく分からない鼻歌のような声を出しながら、私をじろりと睨みつけた。それだけで何も言わずに歩いていく。私は黙って後に続いていった。

エレベーターに乗っても無言、六階で降りて部屋に行くまでも無言。

こういう時は「帰れっ！」と言われるまではついていく。機嫌が悪いからといって諦めていては、小沢から話は聞けないからだ。しかし、小沢は不機嫌な表情ながら、ついてくるなとは言わない。ひょっとすると話ができるかもしれない。私は沈黙に耐えながら小沢の後を歩き続けた。

六階の六〇五号室が小沢の部屋だ。小沢は先代の小沢佐重喜の頃から同じ部屋を使っていた。南側の窓からは首相官邸が真下に見える。小沢の後に続いて部屋に入ると、顔見知りの秘書が温かい笑顔で迎えてくれた。事務所の雰囲気は思ったほど悪くない。が、小沢はやはり無言で部屋の奥にずんずん入っていく。私も奥の応接室まで黙ってついて行き、小沢がソファに座ったので、私も向かい側に腰を下ろした。相変わらず怒った大魔神のように怖い顔をしている。

しばらく睨み合っていたが、小沢のほうから口を開いた。

「だ、か、ら、俺はいま、マスコミとは口をきかねえんだ。君も知っているだろう」

「マスコミとは口をきかない」と言ってくれたので少し安心した。いま、話をしているではないか。私は、咄嗟《とっさ》に思いついたことを口にした。

「まあ、あれですね。生存確認。先生が生きているかどうか確かめないと」

そう言うと小沢は、かすかに笑ったような気がした。

「あと、いろいろとご苦労も多いようですから激励です。頑張ってください」

ようやく小沢の表情が緩んだ。と言っても、普通に怖い顔だ。

「分かった、分かった。雑談ということなら構わないから、もう普通に話せ」

「政治改革もあと一息だとは思いますが、気になるのは、やっぱり武村さんです。社会党はどの道割れるしかない。その時期を先送りしているだけだと思います。ですが武村さんは、『さきがけ』を抱えている。官房長官が総理以外に守るべきものがあるとまずい。そこに問題の本質があるように思うんですが」

「ふん」と小沢は言った。これは肯定だと思った。そして小沢は続けた。

「だから衆議院通過までは我慢したんだ。『総理が泥をかぶる』と言ってくれたから、みんな収まった。総理とは『法案を成立させたら、政界再編に移行し、時期を見て解散』というところまで一致している。小選挙区になればできるだけ大きな塊をつくらないと自民党には勝てない。彼がどう思っているかは知らないが、さきがけの議員でもそのほうがいいと思っているのもいる。社会党もそうだが、政界再編に行くのか、いまの枠組みにとどまるのか。いずれ根本問題になるんだよ」

明確には言わないが、武村の存在が細川政権の行く末に影を落としている。少なくとも政権中枢の官房長官のポストに武村がついている限り、細川政権は持たないと小沢は考えているのだ。

しかし、最後の詰めの段階で細川に武村だけを更迭する決断ができるのだろうか。そう考えた私は、少し踏み込んでみた。

「自民党は、景気も悪いし、予算編成優先だと言って、参議院の審議は遅らせようとしています。どんな手を使ってでも時間切れに持ち込みたいのでしょう。武村さんもその自民党と歩調を合わせようとしている。市川さんは総理に『武村を更迭しろ』と言っているそうですね。やはり官房長官は代わってもらうんですか」

そう尋ねると小沢は少し考え込んだ。そしてピシャリと言った。

「それは雑談の域を超えているな。『与党内で内閣改造論浮上』なんて書きたいんだろうが、まだ早い」

そして続けた。

「あと少しで政治改革が仕上がる。前から言っているように、小選挙区になれば嫌でも大同団結するしかない。誰が嫌いだとかあいつとは組めないとか言っていても選挙に勝てないんだ。一つになれば、そんないがみ合いはなくなるし、どうしても嫌なら一人で頑張ればいいのさ。それが政治家だ。だから法案が仕上がるまでは『忍の一字』なんだよ」

そう言って小沢はようやく笑みを浮かべた。

しかし、その表情からも小沢が何を狙っているのかは読み取れなかった。細川との間で、政治改革法案を成立させて政界再編に進む方針が揺らいでいないことは分かった。だが、恐らく自民党と水面下で繋がっている社会党の抵抗をどう封じていくのか、そこは依然としてはっきりしない。小沢自身も、まだ決め手になるような方策を持っていないのだろう。

そして、もっと難しいのは、「武村を切る」ことだ。ここまで細川は、小沢と武村の二人の実力者の力が拮抗するようにバランスを保つことに腐心してきた。結果として小沢、市川の主張を受け入れてきたが、現実の政権運営にあたる官邸スタッフはみんな新党さきがけの出身者だ。心理的な距離は、当然、武村側と近いはずだ。その状況で武村という一方の柱を切り取ればどうなるか。細川は、それが連立崩壊の引き金になることを恐れている。

自民党内の敵と与党内の抵抗勢力、そして思うようにならないマスメディア。いくつもの誤算が重なりながら、それでもゴールに迫っていかなければならない。「忍の一字」という言葉にはそんな小沢の思いが滲んでいるように思えた。

特ダネ

十二月三十日夕刻。私は、赤坂の一ッ木通りをＴＢＳの方向に歩いていた。飲食店が軒を連ねる一ッ木通りだが暮れも押し詰まったいまは、行き交う人の姿もそれほど多くはない。こんな日に本当に店を開けているのだろうかと思いながらＴＢＳ会館の前の路地を入ると、ビルの二階にある約束の鮨屋の看板に明かりが灯っていた。

中に入ると窓際の小上がりで米沢が既にビールを飲んでいる。ほかに客はいない。まだ約束の六時前だったが、私は「遅くなりました」と声をかけた。

すると米沢は「バカモン。俺が早過ぎたんだ」と笑った。

この日は珍しく米沢のほうから二人で飲もうと誘われていた。ギリギリまで国会延長が決まらず、年末年始の予定も組めなかった。それで地元にも帰れず、飲む相手がいなかったらしい。

熱燗に切り替えたところで米沢はポツリと言った。

「うちの秘書から聞いたが、今日は中條（武彦）さんの葬式だったんだってな」

小沢が初当選の時から務めていた元秘書が亡くなり、この日の午前中葬儀が営まれた。小沢が葬儀委員長だった。

「はい。私も参列してきました。中條さんには本当に世話になりましたから。小沢さんはあの調子でロクに話もしてくれないけど、中條さんは僕らにいつもヒントをくれました。中條さんが秘書を辞めてからマスコミとの関係も急速に悪くなった。小沢さんも『政治の師の田中のオヤジに続いて中條さんも亡くし、自分もこの世界から足を洗いたくなる』と挨拶していましたが、半分くらいは本気じゃないですか。まあ、あれだけ叩かれりゃ誰でも嫌気がさしますよね」

米沢はいつものニヤニヤ笑いを浮かべながら言った。

「お前たちマスコミが悪い。この政権は小沢が泥をかぶっているから何とかなっている。

細川はもちろん、武村だって小沢が後ろで政権を支えているから好き勝手言えるんだろうが。ところがお前たちは、悪いことは全部小沢のせいだと書き立てる。小沢だって人の子だ、嫌になることもあるさ」

私はほとんど同感だったが、あえて言い返した。

「しかし、本来味方のはずの人間まで敵に回してますからね。もう一言、あるいはもう少し説明するなり、頼むなりしないと、結局大きな塊にできないじゃないですか。黙って俺についてこいなんて、そんな時代じゃない。私は、それがもったいないと思います」

米沢は「きいたふうなことをぬかすな。記者風情が」と悪態をついた。

「お前たちに気を遣われるようじゃ、政治家もおしまいだ」

いつもながらの口の悪さだが、眼鏡の奥の意外につぶらな瞳には、優しげな色が滲んでいる。私はそんな米沢の態度がむしろ嬉しかった。十七歳も年上、しかも政党の大幹部だが、まるで運動部の先輩と話しているような気安さを感じた。

「あれで小沢は、我慢しているんだ。それより参議院は、自民も社会も態度が硬くて簡単にいかない。下手をすると解散か総辞職だ。いま、小沢は必死で参議院対策をやっているんだよ。お前たちにバレたら困るだろ」

そう言うと、米沢は「お猪口は面倒臭いな」とつぶやいて空になったビールグラスに直接熱燗を注いで飲み始めた。

それからは、たわいのない話、大抵はほかの政治家の悪口だったが、どうでもいい話題で盛り上がった。

私は「今年は政治が面白くなったのはいいが、あまりに激しい展開に追いつけず特ダネが書けない」と愚痴《ぐち》をこぼしていた。

「俺、特ダネに飢えているんですよ。今年は記者にとっても不作だった」

すると米沢は身を乗り出してきた。

「じゃあ、一つ特ダネをやろうか。この前の二十六日に細川と小沢・市川が極秘に会って、臨時国会が終わったら内閣改造をすることを決めたぞ」

「またあ〜。それができればいいけど、細川さんは武村さんを切れないでしょう。官邸は全員さきがけだ」

私がそう言うと米沢は、はっきり言った。

「細川が決断したんだよ。政治改革を仕上げれば、俺たちは新・新党に進んでいく。五五年体制の壁がやっと壊れるんだよ。だが、そうなるといまの体制では無理だ。武村の問題だけじゃない。社会党にも腹を決めてもらう。そのための内閣改造だ」

「ですが、武村さんを更迭するとなると、さきがけだけでなく、社会党の反発も大きいですよ。かえって混乱すると思いますが」

「もちろん大幅改造で武村が望めば、ほかの重要閣僚にすればいい。俺は市川も入閣させてやりたい。いまのままだと、与党の中で小沢より嫌われてしまう。細川は『政治状況も見ながら』と言ったらしいが、もう後戻りはできない。ただし、法案が上がるまでは書くなよ。出たら潰れる」

政治記者になって、六年が過ぎようとしていた。難しいのは政治家との距離感だと思っていた。だが、正直に言えば、それは綺麗《きれい》ごとだとも思っていた。

まだ若く未熟だった。取材競争に勝ちたい。その一心で、ひたすら取材対象に食い込むことだけを考えていた。癒着《ゆちゃく》と言われようが、腰巾着とバカにされようが、特ダネを書けば勝ちだと信じていた。それで法案が潰れようが、政治家が迷惑しようがそんなことはお構いなしだった。

ただ、ネタ自体が潰れたら元も子もない。

「分かりました。法案成立の瞬間に書くことにします」

その後は、店を追い出されるまで二人で飲んだ。「朝まで歌うぞ」と言う米沢をタクシーに押し込んで、私は赤坂見附の駅まで歩いた。

米沢は「もうすぐ五五年体制の厚い壁が崩れ去る」と言った。しかし、自民党と社会党だけでなく、永田町のあちこちに飛び散った壁の破片は、何とか元の姿に戻ろうともがいている。

山の頂まで押し上げたと思うと、また転げ落ちる巨岩に永遠に苦しめられる――ギリシア神話に登場するシーシュポスのように、小沢の闘いは終わらないのだろうか。

赤坂見附の交差点から弁慶橋を渡った向こうにある小沢事務所のほうを見ながら、さっきメモしたばかりの米沢の言葉を確かめようと思い、内ポケットから衆議院手帖を取り出した。この一年、酷使してきた一九九三年版のその手帖はだいぶ草臥れてきて、メモした文字もあちこち滲んだり消えたりしている。

まだ余白が残る十二月三十日の欄には「中條さん葬儀・11時平安祭典（東葛西）」というメモの下に「初当選の12月27日が中條さんの命日に」「田中先生に続いて中條さんも亡くし、早くこんな稼業から足を洗いたい」と小沢の言葉が走り書きされている。

私は、小沢の心境が分かるような気がしていた。だが、政治のほうがそれを許さないだろう。小沢自身もまだ「こんな稼業」を辞められないことは痛いほど分かっていたはずだ。

この一年、小沢は戦後政治の歴史のなかでも恐らく一、二を争うほどの激しい権力闘争を闘い抜いてきた。細川を担いで政権交代を実現し、不可能とも言われた選挙制度改革の法案成立が、目の前に近づいている。

しかし、細川が一九九三年中に実現すると約束した年内の成立は結局、時間切れに追い込まれ、国会の会期は翌年一月二十九日まで延長された。

小沢の五五年体制の壁を壊す闘いは、あと一歩という段階まで来ていたが、残り時間は次第に少なくなっていた。

第10章　決着と軋轢

武村の訪問

正月の小沢の私邸には、いつも国会議員や後援者など大勢の年始客が訪れるが、一九九四年は小沢が年末から「雲隠れ」したこともあり、年賀の客は見えず、鋼鉄製の門扉は固く閉ざされていた。

元日、その門の前に武村の姿があった。二〇〇九年に行われたNHKのインタビューで武村はこの時のことをこう振り返っている。

〈元旦にいっぺん小沢さんの家まで行ったことがあります。「何しに来た?」とまでは言いませんけれど、2階から眠たそうな顔をして降りてこられて、ソファーにどんと座って向かい合うんだけれど、「おめでとうございます」って言ったら、「あぁ、おめでとうございます」ぐらいは言ってくれるけど、後はこちらから何か言わない限り、向こうからは何も話が出ませんからね……。

何か簡単に二言三言しゃべって出てきましたけれど……。

年末ぐらいから、何か極めて険悪というか、厳しい状況が展開されていたようで、僕も後から知ったようなことが多いんだけれど、もはや1回や2回、挨拶に行ったぐらいで修復されるとかね、そういう状況ではなかったのかもしれません……〉（NHK「永田町権力の興亡」取材班著『証言ドキュメント・永田町　権力の興亡　1993-2009』、NHK出版刊）

武村の話しぶりは、目の前にその光景が浮かび上がるほどに生き生きとして洒脱だ。ただそれは、「年下の傲慢な小沢に邪険に扱われる武村」というイメージをつくり出そうとしているように読めなくもない。

一方の小沢は、振り返りも素っ気ない。

〈特に何もしゃべらなかった。細川さんに行くように言われたから来ました、よろしくお願いします、みたいな話だけで、どういう意味なのか、よくわからなかった。僕の方から

は、あなたの言動は官房長官の心得からはずれてる、ということだけは言いました〉（小沢一郎著『語る』、文藝春秋刊）

小沢より八歳年上の武村は、まだ当選三回。当選回数が物を言う政界では、当選九回の小沢より格下にあたる。

しかし、武村は自治省から八日市市長を経て滋賀県知事を三期務めていた。首長時代を含めれば政治経験は二十年以上に及ぶ。武村にしてみれば細川政権を中心で支えているのは官房長官の自分だという自負もあったはずだ。

また、武村は細川の本心は政治的同志である自分に近いはずで、その頃に小沢が批判していた「政治改革より予算案の年内編成を優先させる」との考え方も細川との間では一致していたとも証言している。

細川も、小沢のわがままに辟易《へきえき》しているはずだが、連立政権を維持するには小沢と決定的に対立するわけにはいかないのだろう。ここは細川のためにも小沢に頭を下げておこう——武村の告白からは、そんな思いすら読み取れる。

しかし、予想通り小沢はそんな武村の大人の対応には関心を示さず、官房長官としての心得がなっていないと説教するような尊大な態度だった。武村の胸にしまい込んだ屈辱は、さらに重く苦いものになっていたのだろう。

武村の元日の訪問に効果があったのかどうかは分からないが、小沢は一月四日の新生党の仕事始めから公務に復帰する。

「今年は去年のようにわがままを言わずに、全力を傾ける考えです」

そう殊勝な挨拶をしたことからも、年が改まって小沢の気持ちも収まってきたのだろうという見方が広がっていた。小沢は記者クラブとの話し合いの結果、一月中旬から定例の記者会見を再開することにも応じていた。


その夜に私は後輩記者を連れ、新年の挨拶を兼ねて清水谷の議員宿舎に平野を訪ねていた。

元日に武村が小沢邸に年始の挨拶に行ったと聞いたのは、その時だった。私は、思わず疑問を口にしていた。

「それは逆効果じゃないですか。武村に詫びを入れさせたなんて、また面白おかしく書かれるだけですよ。武村さんのことだから、自分からマスコミに流すかもしれないし」

「いや、細川総理のアドバイスかもしれませんが、武村さんが自分の判断で行ったんじゃないですか。これ以上、小沢先生とぶつかったら自分の首が危なくなると気づいたんでしょう。小沢先生がふて寝をしていたのは、いつもの『人間不信病』です」

小沢はしばしば雲隠れしたり音信不通になったりする。理由もよく分からないまま一切の連絡が取れなくなる。それまで側近として毎日のように話をしていたはずが、突然音信不通になれば誰であっても不安になる。何か怒らせたのだろうか、まずいことになっているのではないだろうか。疑心暗鬼は恐怖に変わり、それが募れば敵対心に変わっていく。

つかみ所のない行動をする小沢のもとを去っていく政治家を何人も見てきた。官僚や政党スタッフ、それに記者の中にも離れていった者もいる。そうした人の間では、小沢は異常に猜疑心《さいぎしん》が強く、ちょっとしたことでも不信感を持って人間関係を一切断つ、という話も語られていた。

小沢と長い付き合いの平野は独特の見方をしていた。小沢が隠密行動を取る時、しばしば極度の人間不信に陥っていることがあるというのだ。

「小沢先生はああ見えて人を信用し過ぎる。だから他人には厳しいのに、ちょっとしたことで自分が裏切られたと感じると途端にひきこもる。そこは病気みたいなもんですな」

平野の言葉に思わず笑った私たちだったが、「理由はどうあれ与党内の揉め事がクローズアップされるのは、やはりマイナスではないか」と私は言った。

するとと平野はこう答えた。

「私と秘書官の成田君が苦労して、内田健三先生にも手伝ってもらいながら、表に出てくるよう小沢先生を説得した。十二月二十六日には市川さんも一緒に総理と話しています。小沢先生は官房長官が勝手に動いては混乱が増すだけだと総理に何回も言ったんですが、総理はそれを武村さんに相談してしまうんですな。悪気はなくても、それでは事態は改善しない。だから、細川総理に裏切られたような気になったんでしょう。でも、なぜか総理に対しては強く言えない人なんです。まあ、武村さんも状況は理解したようだし、政治改革法案が成立するまでは小沢さんにも我慢してもらい、後のことはそれから考えよう、ということで収まったようですよ」

年末に米沢から聞いた「内閣改造」の話には平野は全く触れなかったし、私もあえて聞かなかった。事情はどうあれ、小沢と武村が正面からぶつかり、連立政権が揺らぐような事態は避けられたようだ。ただ、それは問題を先送りしただけのようにも思えた。

平野の宿舎を出た後、私と後輩は囁き合った。

「武村さんだけでなく細川さんとも気持ちのズレがあるってことですよね」

「やはり寄木細工の連立政権は危ういな」

密約同盟

二か月以上中断していた記者会見も再開し、小沢と記者との接触も徐々に正常化しつつあった。だが、そうなると私の出番はなくなり、本筋の取材は現役の番記者に任せることにした。代わりに私は、記者会見が終わった頃に衆院本館三階にある新生党の控室を覗くようになっていた。

記者会見の間は、当然ながら番記者は誰もいない。記者会見が終わると小沢だけが戻ってくることが多い。控室には竹下派が分裂した時、小沢についてきた派閥事務所のスタッフもいて、雑談するのにも最適の場所だった。

参議院での法案採決を間近に控えたその日も、たまたま記者会見を終えて一服している小沢がいた。

私は、法案採決の際の「票読み」を話題にした。社会党で何人造反が出るのか。自民党では何人が賛成に回るのか。私たち担当記者は手分けして参院議員を総当たりし、○×△をつけていた。ほかのマスコミも政党も独自に票読みをしている。どこの社の読みも否決の可能性が高いことを示していた。

「元々、社会党は委員長からして反対論者ですから、本気で説得しているか怪しいもんです。久保タン（久保亘）なんかは、自分も参院議員だし必死で可決に向けて動いているようですが、みんな本当のことを言わないとボヤいていましたから」

そう言うと小沢は、意外なほど穏やかに言った。

「いや、村山さんも一生懸命やっているよ。あの国対委員長（野坂浩賢）もだ。あの二人は国対族だから、こういう時は本能的にまとめようとするんだよ。長年、野党で自民党と駆け引きをやっていたから、反対しながらどうやって法案を成立させるか、国会を動かすか、というのが体に染みついちまうんだ。野坂国対委員長は、僕には『厳しい、厳しい』と言って票読みを報告する。騙すつもりならそんなこと言わないさ」

「自社五五年体制も悪いことばかりじゃなかったということですか」

「むしろ問題は自民党だろう。自民党の参議院は全く駄目だな。彼らは解散がないから、いままで通りで何も困らないと思っている。社会党も、村山さんも久保タンも、参議院は執行部の言うことを全然聞かないとボヤいていたなあ」

「やっぱり参議院は『竹下王国』なんですかね」

私は言ってから、「しまった」と思った。竹下の名前は小沢にとっては屈辱を思い出させるものだからだ。

一九九二年、竹下派で新会長を選出する際に、羽田を擁立した小沢は、衆議院側は三十一対二十六と半数以上の議員を押さえて優勢だったが、参議院側は逆に九対二十九と大差をつけられた。当時から参議院に強力な足場を築いていた竹下が参議院議員を固めたのだと言われていた。

佐藤栄作内閣で官房長官を務めた竹下は、「参議院を制する者は政界を制する」という佐藤の言葉を忠実に守っていた。

任期途中での解散がない参議院は、中長期的な課題に腰を据えて取り組むことが期待されている。「良識の府」と呼ばれるのもそのためだ。だが、それは裏を返せば、選挙に影響を与えるその時々の世論の動向よりも、所属政党や支持団体の意向を重視することにもなる。竹下も企業・団体にきめ細かく張り巡らしたネットワークを駆使して、参議院議員をコントロールしていた。

余計なことを言ってしまったかな、と思ったが、小沢はあっさりと同意した。

「そうだなあ。参議院には、自民党だけじゃなく社会党にも竹さんの子分は多い。五五年体制そのものなんだよ。最後にまた竹下と戦争だ」

参議院の自民党と社会党には、政治改革法案を葬り去るための「密約同盟」があった。双方の強固な反対派が連絡を取り合い、採決での対応を確認し合っていた。自民党の造反、つまり賛成者を最小限に抑え、社会党はできるだけ多数の反対者を出す。衆議院での政治改革法案の決着とは全く逆の構図に持ち込むためだ。参議院は、五五年体制を守りたい自民党と社会党の守旧派にとっては最後の砦《とりで》だった。

連立与党側も反対に回りそうな社会党議員への説得工作が続き、細川自身も直接電話で働きかけていた。小沢は、仮に法案が参議院で否決される事態になれば、憲法の規定に従って衆議院で再議決すると表明していた。可決するには出席議員三分の二の絶対多数が必要となるためハードルは高いが、そうなれば自民党だけでなく社会党の衆議院議員もさらに大きく割れる可能性もあった。それは自社双方の執行部への恫喝だった。

ただ、そんな強硬姿勢の一方で、小沢は自民党の弱気も見透かして水面下で妥協を働きかけていた。小沢は、密かに自民党総裁の河野や幹事長の森の周辺と接触を図り、一月中旬には森との間で、小選挙区二百八十、比例二百三十という妥協案で内々に合意していたのだ。

しかし、一時は正式合意寸前までいったこの妥協案は、結局、ご破算になってしまう。秘密協議の内容が自民党参議院の反対派に漏れ、連携をとっていた社会党の反対派の参院議員にも情報が回り、双方で激しい執行部批判が起きたからだ。

最後の土壇場で参議院の自社守旧派の密約同盟が威力を発揮したのである。

激突を回避する最後のチャンスと思われた修正協議にも失敗し、法案は一月二十一日の参議院本会議で採決された。

今回も記名投票になり、再び賛成の「白い木札（白票）」と反対の「青い木札（青票）」の行方が焦点になった。今度は、社会党議員が反対の青票を入れる度に議場は拍手とヤジが入り混じったどよめきに包まれた。

結局、自民党の五人が法案に賛成したが、社会党からは、予想を上回る十七人が反対に回り、三人が欠席した。その結果、政治改革法案は賛成百十八、反対百三十で否決された。

半年余りの激しい攻防を経て、実現まであと一息というところまで来ていた政治改革法案は、こうして否決された。守旧派のレッテルを貼られ、局地戦で負け続けるような苦戦を強いられてきた自社双方の反対派の議員たちが、最後の土壇場で形勢をひっくり返し、大逆転の勝利を得たのである。

反対派の議員たちも、細川や小沢が、この事態を見越して両院協議会を経て衆議院での再議決で再び逆転を狙っていることは分かっていた。だが、国会の会期は残り一週間余りだ。このまま粘って時間切れに持ち込めば廃案にできる。自社双方の「密約同盟」の議員たちは、協議を引き延ばすことに全力をあげることを互いに確認していた。

スリルとサスペンス

一月二十一日午後三時からの参議院本会議で法案が否決された後、細川は淡々とした表情で「(反対した社会党議員は)先の見えない連中だね。法案を潰すと自民党案を丸呑みするからもっと悪い結果になるよと言ったのだが」と周囲に話していた。そして秘書官の成田を呼んで、かねて自民党総裁の河野との間で築いてきた極秘ルートでトップ会談の開催をもちかけるよう指示した。最後は、河野と互いの政治生命をかけて話し合えば、必ず活路を見いだせる。後は天命を待つのみだ――細川は戦国武将の末裔《まつえい》らしくそう覚悟を決めていた。

一方小沢は、控室のテレビで参議院本会議の模様を見ていた。そして否決の結果を確かめると「さあ、もうひと勝負だ」と声をあげた。自らを鼓舞するためなのか、あるいは強がりなのか。真意は分からないが、この瞬間から小沢は、さらなる再逆転に向けて動き出した。

ここまでは社会党に配慮して、自民党が呑めるギリギリの妥協案を模索してきた。だが、もはやその必要はない。衆議院の再議決で大分裂を恐れる自民党を追い込めるだけ追い込んで、大胆な妥協案を出せば一気に決着できるのではないか。小沢も細川と同様、最後は自民党案の丸呑みも考えていた。それでもまとまらなければ、再議決に踏み切ってもいいし、直ちに解散してもいい。いずれにしても自民党も社会党も分裂する可能性が高い。むしろここで自社双方をさらに分裂させておけば、政界再編に進みやすいかもしれない。小沢はそう思い始めていたはずだ。

それからは、後に関係者が「ジェットコースターのような政局だった」と振り返るほど目まぐるしい展開だった。

政治改革法案が参議院で否決されたのを受けて、衆議院側の要求で国会の正式な機関である両院協議会が開かれることになった。

しかし、与野党の調整が難航した結果、協議会が設置されたのは会期末まで残り三日を残すだけとなった一月二十六日だった。国会法の規定によって、衆議院は法案に賛成した連立与党の代表が、参議院は反対した自民党の代表が選ばれ、協議がまとまれば成案となる。衆議院側の議長には公明党の市川雄一が選ばれた。

しかし、当然のことながら、話し合いは非難の応酬に終始して紛糾し、前進は全く見られない。

その一方で党首同士のトップ会談で事態を打開しようという模索が密かに始まっていた。細川と河野との極秘の直接ルート、武村が信頼を寄せる後藤田正晴とのルート、そして一度は潰れた小沢と森のルートである。連立与党の側にとってみれば、このまま法案が廃案になればダメージは計り知れない。法案を蘇らせる唯一の方法である衆議院での再議決は自社双方の分裂を狙うもので、政界再編が一気に進むことになる。しかし、それは現在の細川連立政権がバラバラになる危険性もはらんでいる。細川政権も崩壊の瀬戸際に立たされていた。

そして自民党内でも、若手の改革派議員が「法案が潰されたら集団離党する」と森に詰め寄り、後藤田のような重鎮までも河野に「ここまで来たら腹を決めて細川と話し合え」とプレッシャーをかけ続けた。その時点で自民党の三十人程度が公然と与党案に賛成して離党すると表明していた。実際に採決になればさらに大量の造反、離党者が出る可能性もあった。

ほとんどのマスメディアが、法案を否決した自民党と社会党の反対派を厳しく批判していた。あるメディアが緊急に実施した電話世論調査では、法案否決に批判的な声が七割近くにものぼった。この状況で法案を潰せば、自民党は重大な危機に陥る可能性があった。連立与党も自民党も、崖っぷちの状態で、ギリギリの判断を迫られていたのである。

両院協議会の合間を縫って、与党の代表者会議が断続的に開かれ、自民党も幹部たちが政治改革法案への対応協議を重ねた。国会の控室を政治家たちが足早に移動し、それに群がるように記者たちも走り回る。もはや誰が誰の担当なのかも分からなくなり、断片的な情報が乱れ飛んでいた。

そんななか、私は両院協議会の衆議院側の議長を務める市川が小沢との打ち合わせを終えて、新生党の控室から出てきたところに出くわした。居合わせた記者たちは一斉に市川を追いかけて質問攻めにしている。

それを横目に控室に入ると、まだ小沢がそこにいた。膝の屈伸をしたり足踏みしたりしている。その横で平野が、国会での過去の手続きなどを全て記録した分厚い「先例集」や「規則集」を開いて何かを書きつけている。両院協議会から再議決に至る段取りを市川も交えて確認していたのだ。

「座りっぱなしは体に悪いからな」という小沢の独り言を無視して私は質問した。いつほかの記者たちが入ってくるか分からない。

「河野さんに自民党内をまとめる力はありますか。時間切れを狙っているのではないですか」

小沢は、寝不足なのか少し腫れぼったくなった目の周りをおしぼりで拭きながら答えた。

「さあ、どうかな。こちらは両院協議会を打ち切るよ。自民党は決断せざるを得ない。トップ会談に応じるか、拒否して再議決で潰れるか」

「ほかに選択肢はないですよね。しかし、トップ会談でまとまって逆に自民党が分裂しないと、その後が大変じゃないですか。法案がまとまれば離党しない議員も多い。自民党が強いままで大丈夫ですか」

「その前にいまは修正案をまとめることが最優先だ。まだまだ、どうなるか分からんぞ。うん。スリルとサスペンスだ」

小沢はそう言い残し、奥の部屋に入っていった。

「スリルとサスペンス？」

釈然《しゃくぜん》としない表情の私を見て、平野が笑いながら言った。

「まだどちらに転ぶか分からない、という意味ですよ。私は、もう衆議院の再議決の手続きに入ったほうがいいと言っているのですが、細川総理が何とかトップ会談でまとめたいと言うので小沢先生も迷っているんです。ただ、自民党は妥協に乗ってくると思いますよ。再議決になれば、四、五十人は賛成して離党する。それで解散になれば自民党は完全に崩壊です。私はそのほうが手っ取り早いと思いますが、細川さんと同じで小沢先生も、ここまで来たら何とかまとめたくなったようですわ」

「しかし、社会党が持ちますかね。まだ先送りを狙っているという情報もありますが」

私がそう聞くと、平野はニヤニヤ笑いを浮かべた。

「田辺（誠）さんが頑張っているようですよ。社会党のせいで否決になった。いまさら文句を言うのは日本人らしくない、と執行部の連中を説得しているそうです。久しぶりに『壁無し会』が活躍しているんですよ」

田辺だけではない。両院協議会の議長の市川も、自民党との交渉窓口の一人となった米沢も「壁無し会」のメンバーだ。失言問題で辞任した後は謹慎していた中西も、新生党の若手議員を集めて「選挙に備えろ」と指示を出している。小沢と一緒にベルリンの壁の前に立ったメンバーが、この局面で行動をともにしていることは、確かに何かを暗示しているように思えた。

国会の最終期限一月二十九日まで残すところあと二日。

緊張と混乱のなかで、政局は様々な動きがもつれ合いながら、首相の細川と自民党総裁の河野の二人によるトップ会談に向けて、動きを速めていた。

ゲームセット

一九九三年度の日本プロスポーツ大賞は、ドーハの悲劇までのサッカー日本代表の快進撃を牽引したカズこと三浦知良選手に贈られた。プロサッカー選手の草分け的な存在のカズは、いまや国民的スターだ。

一月二十八日、官邸で行われた授与式で細川は、「ワールドカップ予選での日本代表は、悔しい一点を取られて惜しくも負けたが、政治改革ではタイムアップギリギリのところで一発シュートを決めたい」と言った。

参議院での否決でロスタイムとなった会期延長も残り一日。いよいよ後がない状況になったところで、細川のもとに自民党総裁の河野から、今日中にトップ会談を開いて決着させたいという意向が伝えられていた。実現に向けて、与野党の担当者が最後の詰めに入っている。衆議院議長の土井が事実上法案を先送りすることで事態を収めたいと党首会談を呼び掛けていたので、その場を利用して二人だけの会談に持っていく手筈が整いつつあった。何とか一発シュートを決められないか。それは軽口ではなく思わず出た細川の本音だった。

いずれにしても、後は無心に腹を割って河野と話し合うだけだ。与野党ともに内部になお反対勢力を抱えているが、双方のトップリーダーが政治生命をかけた決断を阻止できる者は、もはやいないだろう。細川はそう考えていた。

首相・細川護熙と自民党総裁・河野洋平のトップ会談は、国会会期末の一日前、一月二十八日の午後七時過ぎから、国会議事堂のほぼ中央に位置する常任委員長室で始まった。ここまでの水面下の協議で、既に合意内容は固まっていた。

「小選挙区三百、比例二百の並立制」。自民党案をほぼ丸呑みする内容だった。成立という成果を細川が勝ち取り、河野も自民党案を生き残らせて実を取ったのだ。

こうして、タイムアップ寸前までもつれたゲームは、最後に細川がディフェンダーの密集している狭いスペースに、針の穴を通すようなシュートを放ち、ゴールを決め、笛が鳴った。

ゲームセット。

最後にピッチに崩れ落ちたのは、自民党と社会党の守旧派の議員たちだった。

小選挙区比例代表並立制が海部内閣で初めて提案されてからあしかけ四年。「自社五五年体制」を制度面で支えてきた中選挙区制が廃止された。

最大の功労者が細川であり、ともに崖から飛び降りる決断をした河野であることに議論の余地はない。そしてその状況をつくり出し、牽引してきたエンジン役が小沢であり、それを支えたのが市川、米沢たちだった。

公平を期せば、首相の補佐役・スポークスマンである官房長官として細川政権のイメージづくりに腐心してきた武村の功績も小さくない。不都合なことは悪役の小沢のせいにしておけば、細川への批判は相対的に減少する。自民党内の改革派との関係を最後まで維持し続けたことは注目してよい。

社会党はどうだったのか。村山は参議院で否決された時、内心「しめたと思った」とのちに告白している。「もともと法案には反対だった。否決の後、細川と小沢に一任させてもらえないかと言われて拒否していれば法案を潰せたかもしれない」と率直に認めている。

しかし、そこで法案を潰していたら、恐らく、そう遠くないうちに社会党は大分裂を起こしていた。その後、村山が自民党に担がれて首相になる道もなかったはずだ。皮肉なことだが社会党が抵抗したからこそ、与野党でとても合意できそうにもない「三百小選挙区」で最終的にまとめざるを得なくなったのだ。その意味では、真意はともかく村山も政治改革政権の中で必要な役割を果たしたと言えるだろう。

その一方で、脆く壊れやすい寄木細工の細川政権は、政権発足から半年を待たずに歪みが大きくなっていた。コメの輸入自由化問題にしても政治改革にしても、内閣がいつ吹っ飛んでもおかしくない難問を、無理に無理を重ねて仕上げてきたからだ。

確かに壁を壊すところまではきたが、その先にどんな景色があるのかはまだ見えてこない。細川政権に集まった様々なグループが、新・新党に移行するのか、あるいは緩やかな政党連合となっていくのか。その姿は何にしても、自民党に代わる政治勢力としてまとまっていくことができるのだろうか。

全てが決着し、細川と河野がそろって記者会見に臨んだのは翌日の午前一時だった。会見場の衆議院別館の講堂で、私は二人の首脳が笑顔で握手をするのを見ていた。何度も窮地に陥りながら何とか危機を脱して合意にこぎつけた二人だが、なぜか高揚感や達成感は伝わってこない。私も長かった闘いの結末がまだ見えないようなもどかしさを感じていた。

その後の政府与党首脳会議で最終確認が行われていた頃、私は新生党の控室で数人の記者や党職員と「最後までハラハラのし通しだったなあ」などと話し合っていた。

そこに会議を終えた小沢が戻ってきた。緊張の連続だったとは思えない穏やかな表情だ。部屋の中を見回して空いている事務机の前の椅子にどんと腰を下ろした。

そしてふうっと息を吐くと、「あれから二十五年か……」とつぶやいた。小沢が初当選したのは一九六九年だ。父親の小沢佐重喜が「小選挙区論者」だったこともあって、小沢はそれ以来総選挙の度に小選挙区制の導入を公約してきた。

五五年体制の下では、小選挙区制は候補者数が多い自民党が議席独占を狙ったものだという批判が強かったが、小沢は比例代表を加えることでそうした懸念は解消できると主張していた。そして仮に一、二回は自民党が絶対多数を占めることがあっても、国民的要請で必ず政権担当能力がある野党が登場し、自民党は厳しい選挙になる。しかし、それが本来の議会制民主主義の目的を達成することになるのだと訴え続けてきた。

初当選から二十五年目でその念願は「小選挙区比例代表並立制」としてついに実現した。小沢の短い言葉には、そんな感慨が込められていた。

そして長い一日が終わった。

「お疲れさまでした」「ご苦労さん」

党職員に送られて控室を出た小沢は、さすがに疲れが滲む表情だったが、いつものように胸をそらし、大股で歩き始めた。小沢の横について「終わりましたね」と声をかけると、小沢は「おう」と答えた。

大理石に赤絨毯《じゅうたん》が敷かれた階段を一緒に降りながら、私はこう言った。

「三百小選挙区ですね。元に戻っちゃいましたね」

海部内閣で小沢が幹事長を務めていた時代に主導してまとめた改革案が「小選挙区三百、比例二百の並立制」だった。一九九〇年四月のことだ。

小沢は「おう。元に戻ったな」と言った。一階まで降りて議事堂の中庭から正面に通じるトンネルと呼ばれる通路に向かう。

「これからが大変ですね。次は選挙体制づくりですね」

「そうだな。まだその前に、色々片付けることがある。君らも休んでいられないぞ」

居合わせた記者たちが少しざわついたが、みんな小沢流の冗談だと思うことにしたようだ。私は少し嫌な感じがしたが、あえて詰めることはしなかった。

トンネルにセルシオが停まっている。いつの間にか降り始めた雪がヘッドライトの光の中を舞っている。後部座席に乗り込もうとして小沢が振り向いた。

「まあ、結構草臥れたな。君らも大変だっただろう。しばらく休め」

小沢には珍しい気遣いの言葉に私たちも「お疲れさまでした」と少し元気に声をかけた。車内で右手を軽く上げる小沢を乗せて、降りしきる雪の中、セルシオは走り出した。

権力闘争

未明までの仕事でほぼ徹夜だった私は、翌一月二十九日の昼前、官邸に向かった。

昨夜は東京には珍しい大雪で、都心は七センチの積雪を記録した。国会の周りも一面の雪化粧だ。

小沢邸の新年会で政界再編の初夢を聞いてから一年だ。あれから随分経ったような気がする。そう思ってカバンの中を探って、一九九三年版の衆議院手帖を取り出した。

自分でも驚くほど小さな字で几帳面にメモしている欄もあれば、文字なのか記号なのか、書いた本人も判別できないほどの走り書きもあった。

小沢の私邸での新年会があった前年の一月二十四日の欄には辛うじて読み取れる文字で、「歴史的政界再編」「制度を変えて政権交代」と書いてある。

あの時小沢は、本当に政治改革が実現する、いや、その前に政権交代ができると確信していたのだろうか。小沢の力を多少は分かっているつもりの私たちでさえ、夢のまた夢だと思っていた。だが、小沢はわずか一年でそれをやってのけた。

「政治とは、情熱と判断力の二つを駆使しながら、堅い板に力をこめてじわっじわっと穴をくり貫いていく作業である」

小沢の闘いを追い続けながら、私は、このマックス・ヴェーバーの『職業としての政治』にある言葉を何度も思い返していた。

どんな政治理念や政策も、実現しなければ政治家としては意味がない。そして、その目的が難しいものであるほど、究極的には政権交代、すなわち権力を握ることでしか達成できない。尋常ではない情熱と判断力と恐ろしいほどの忍耐力で、小沢はそれを成し遂げたのだ。

そういえば小沢が私に「五五年体制の壁」を壊すと初めて言ったのは、一九九〇年にベルリンの壁の前に立った時だった。

あの日、小沢は「歴史を動かす力は凄いな」とつぶやいたが、それから長く困難な闘いの末に、画期的な制度改革を成し遂げた。それを取材者として間近で目撃できたことは、確かに私にとっても幸運だった。だが小沢自身が「歴史を動かす力」を手にしたと言えるのだろうか。

小沢は常に私たちにこうも言っていた。

「突き詰めれば政治とは権力闘争であり、政局だ。問題は、権力闘争の目的・目標が何なのかということだ。国民のため、国の将来のためならいいが、単に地位やポストを得るためということであれば、それは権力を巡るゲームということになってしまう」

つまり小沢が「歴史を動かす力」だったと評価されるかどうかは、この権力闘争の結果、どんな新しい政治が展開されるかにかかっているのだ。しかし、それはまだ見えていない。むしろ新たな政治をつくる闘いは、これまで以上に困難なものになるのかもしれない……。

衆議院の面会受付所、通称「議面」の前を通り過ぎ、首相官邸前の交差点でふと顔を上げると、官邸屋上のフクロウの彫像が溶け始めた雪の中から顔を覗かせているのが見えた。ローマ神話の知恵と武勇の女神・ミネルヴァの使いのフクロウたちは、官邸が建てられた六十五年前から鋭いその目で権力の座を巡る人間たちの闘いを見続けてきた。権力闘争が一つの結末を迎えたいま、フクロウたちは何を思っているのだろうか。

寝不足と疲労のせいかもしれないが、私にはミネルヴァのフクロウたちの「まだまだ。お前たちの本当の闘いはこれからだ」という声が聞こえたような気がした。

エピローグ　壁のその後

二〇二二年の桜の咲く頃のある日、私は久しぶりに議員会館の小沢一郎の部屋を訪ねた。会館は二〇一〇年に建て替えられたが、その部屋は以前と同じ六〇五号室だ。応接室に通されると広い楕円形《だえんけい》の机の一番奥に小沢が座っていた。そして私の顔を見ると「おう」とだけ言った。特大のマスクをして、スーツの上にダボダボのカーキ色のジャンパーを着込み、両手をポケットに突っ込んでいる。

私は挨拶も忘れて思わず聞いていた。

「どうしたんですか。風邪でも引きましたか？」

小沢は、頬が少し細り、肩の辺りも小さくなったように見えた。だが、以前と変わらない張りのある声で言った。

「至って元気だよ。まあ歳だからな。体調管理は万全にしないと。それより何事だ？」

訪れた理由は幾つかあった。どこから話そうかと思っていたが、とりあえずいつもの挨拶から始めることにした。

「まず、生存確認ですね。先生もいい歳だから油断してると危ない。もうすぐ八十でしょう」

小沢は笑いながら返してくれた。

「おう、おかげさまでピンピンしているよ。去年は危うく死にかけたけどな」

二〇二一年の総選挙で小沢は小選挙区で敗れた。初当選以来、五十年以上守ってきた議席をもう少しで失うところだったが、かろうじて比例復活当選で永田町に戻ってきていた。

「まあ、命拾いしたんだ。もう一回政権交代を実現するまでは頑張るよ。そうだ、政権交代が当たり前の本当の民主主義を定着させる、それが俺の夢だからな……」

小沢はまるで自分に言い聞かせるように言った。空元気だとは思ったが、小沢が「書生論」をぶつのを聞いて私も少し安心した。

「そうですよ。若い時から権力闘争ばっかりやってきたんだ。もう一回見せてくださいよ」

そう言うと小沢もうなずいた。

「そうだ、色んなことがあったなあ。勝ったり負けたり、俺より馬力がある奴や悪いのもいっぱいいいた。本当に大変だった」

私も思わず吹き出しながら言った。

「小沢先生より悪い人はそうはいなかったと思いますが、いまの政治家の皆さんは、随分大人しくなりましたよね」

「そうだなあ。近頃の政治家はみんな〝お行儀がいい〟のばかりだな。自民党がよたよたしているのに、何が何でも、それこそ力ずくでも政権を奪い取ろうという気概のある奴がいない。若い政治家に『権力闘争の何たるか』を教えてやんなきゃな」

一九九三年、小沢は自民党を割ることで選挙に持ち込み、神業とさえ言われる戦略で非自民勢力を糾合して細川護熙政権を樹立した。そして史上最強の野党となった自民党の抵抗や与党内での葛藤を半年かけて乗り越えて、政治改革法案を成立させた。

しかし、政界再編の前に政権交代が起きてしまったことで、様々な矛盾や軋轢が噴出する。細川政権は、政治改革法案の成立直後から唯一の共通目標を失い、内部対立が激化した。消費税率の引き上げを狙って世論の反発を招いた国民福祉税構想の撤回、武村正義官房長官の更迭を目論んだ内閣改造の失敗などで急速に求心力を失っていく。

さらに自民党の野中広務や亀井静香の執拗《しつよう》なスキャンダル追及に細川自身が嫌気がさしたのか、突如退陣を表明。後継の羽田孜内閣も、小沢と対立した武村率いるさきがけと村山富市率いる社会党が相次いで政権から去って崩壊する。

そして羽田の後に成立した政権は、自民党が長年の宿敵である社会党の党首・村山を首班に担ぐという大胆な策で成立した「自民・社会・さきがけ」の連立政権だった。

「自民党の一部と社会党が手を組もうとしているとは聞いていたが、まさかと思っていた。やはり自民党の生存本能は凄まじい」

一度は自民党を倒した小沢が、この時、悔しさというより驚きを滲ませながらそう言ったことを記憶している。

ただ、考えてみると、「五五年体制」とは、自民党と社会党が越えられない壁に隔てられていたことで、互いにその内側では安住することができた体制でもあった。小沢がその壁を破壊した結果、自社両党はやすやすと境界を乗り越え手を握ることができたのだ。

私は政治の恐ろしさを学んだ。権力闘争が激しくなるほど政治家たちの思惑を大きく超えて政治状況が変わることがある。成功か失敗かは紙一重の差しかない。権力闘争のなかで戦略を練り直し、対応を変えていく柔軟性を持つ政治家だけが最終的な勝利を得られる。

野中は、一九九六年に著した『私は闘う』(文藝春秋刊)の中で、小沢らを「改革派」、それに抵抗する古い政治家を「守旧派」と位置づけ、小沢の政治行動を積極的に評価する見方を「小沢史観」と名付けた。そして、「小沢史観」に染まったジャーナリズムが小沢の権力闘争を後押ししたとしてこう厳しく批判した。

〈これはあまりにも、物事をひとつの側から見すぎている。ある意味で小沢さんの宣伝を鵜呑みにしてしまっている。そうした意味では、経世会の分裂から自民党分裂、細川政権樹立までの小沢さんの読み、情報操作、政敵をまきこんでの世論の作り方は神業とも言える。実際、細川政権までは、私がどんなに、もうひとつの歴史を語ろうとしても、ジャーナリズムは全く相手にしようとさえしなかった〉

とはいえその野中も、政局の的確な読み、情報操作、政敵を巻き込んでの世論のつくり方は、小沢に勝るとも劣らない神業を持っていた。

興味を惹かれるのは野中も後に再び小沢と手を組み、また闘うというリアルな権力闘争を続けたことだ。そういえば梶山静六も亀井も、激しく闘った後にまた小沢と手を結んだことがあった。この時代の政治家たちに共通していたのは、世論の支持を意識しながら、ある時は闘い、またある時は手を握るという行動原理だった。

そして最も重要なことは、その闘争の帰趨《きすう》を決するのは多くの人々の支持、つまり民意にほかならないことだ。それはジャーナリズムに身を置く者として、私たちがそのドラマをどう伝えたかも厳しく問われることを意味する。

小沢は、五五年体制という壁を壊した後も、新たな政治体制の構築を目指す闘いを続けた。自らつくった政党を壊してはまたつくる試行錯誤の末、二〇〇九年には再び野党勢力を結集した民主党で二度目の政権交代を実現する。

しかし、またしても与党内の反小沢感情が党内対立を引き起こし、民主党政権は瓦解した。そして、あの一九九三年の選挙で初当選した安倍晋三に政権を奪還される。

安倍は戦後最年少で二〇〇六年に首相になったが、翌年に小沢が率いる民主党に参院選で大敗し、体調を崩して退陣していた。

民主党政権への世論の期待が高かっただけに、その失敗への失望は大きく、小沢の責任も厳しく問われた。政党をつくっては壊す「壊し屋」という異名が定着し、「権力闘争の人」「政局屋」と呼ばれることさえあった。

小沢は「古いものを破壊しないと新しいものはつくれない」と繰り返す。「権力を握らないと理想の政策は実現できない」というのも小沢の口癖だ。だが、幾つかの局面で小沢に読み違いや判断ミスがあったことも事実だ。破壊と創造を繰り返しながら、三十年に及ぶ権力闘争を経ても小沢が目指す新たな日本政治の姿はまだ見えていない。

ほんの一瞬のことだったかもしれないが、私の頭の中にそんな永田町の光景が再現されていた。するとそれまで沈黙していた小沢が、ポツリと言った。

「そうだ。あの頃は面白かったな……。キツイことも多かったが、うん、やっぱり面白かった」

私は、小沢に会いに来たもう一つの理由を告げた。

「私も今年の夏からフリージャーナリストとして活動することになりました。一区切りついた機会に、あの一九九三年、政治家・小沢一郎が何と闘ったのか、それが政治にどんな意味があったのかを自由に書いてみたいと思っています」

小沢は怪訝《けげん》な顔をした。

「そうか。君が何を書きたいのか分からないが、本当にあの頃は大変だったからなあ。で、俺は何をすればいいんだ？」

「何もしなくて結構です。私が勝手に書きますから。気に入らなかったら『出入り禁止』にでもしてください」

私は笑いを取るつもりで言ったのだが、小沢はニコリともせず、むしろ真剣な表情で言った。

「そうか……。じゃあ一つだけ頼む。面白くしてくれよ」

秘書から次の予定を告げられ、私は立ち上がって言った。

「何だかんだ言っても、半世紀以上も現役で政治家やっている小沢さんはたいしたもんだと思います。でも、このまま何もしないで引退したら、これまでの苦労が水の泡だ」

小沢も珍しく柔和な表情で答えた。

「そうだなあ。俺も時間は残されてないからなあ。もうひと頑張りしないとな」

会館を辞して国会の裏通りに出ると、満開の桜の向こうに古い首相官邸が見えた。いまは公邸として使われているその古風な建物の屋根には、相変わらずミネルヴァのフクロウが止まっている。遠目にも鋭いその目は、いまも館の周りで繰り広げられる権力の興亡を見つめ続けているようだ。

私は表紙に「令和4年　2022」と金文字で書かれた衆議院手帖に「小沢一郎　夢の途中」と書いた。

一九九三年、小沢一郎を激しい権力闘争に駆り立てたものは一体何だったのか。そしてその闘いは日本の政治にどんな意味を与えたのか。

その答えを求めて私は、あの日小沢がベルリンの壁の前に立ち「五五年体制という日本の壁を壊さなければならない」とつぶやいた時から、一九九三年の小沢の闘いが一つの結末を見るまでを辿った。

もとよりここで描いたことは、私の個人的な手帳の記録と手元に残る取材資料を手掛かりに記憶を呼び戻したもので、当時の複雑で絡み合った出来事のほんの一断面に過ぎない。ただ、そこから見えてきたのは、目的を達するために凄まじい権力闘争を繰り広げる政治家たちと、それによって情勢が大きく動き、思いもよらない結果が訪れる刺激的で劇的な政治ドラマだった。

なぜ小沢はそこまでして闘ったのか。時に強引で強権的とも言える言動で、摩擦や軋轢を承知で突進していったのは何のためなのか。

「日本人は白黒はっきりさせるのを嫌う。何となくうまくまとめていくのが政治だ、という意識が強い。しかしそれでは本当のリーダーシップは生まれないんだよ」

小沢はしばしばそう言っていた。五五年体制のぬるま湯に浸かった日本的な馴れ合いの政治を脱して、明確な意思を持ち、結果に責任を持つリーダーが率いる政治に変える。それが政治改革の目的であり、政界再編を目指す理由だと言うのだ。

小沢は一部に熱烈な支持者がいたものの、多くの人に好感を持たれ、支持されるタイプの政治家ではない。少なくとも本人はそう思っていた。恐らく小沢は、現状維持を求める政治体制の「壁」を破壊し、新たな体制に変革しない限り、自分のような政治家が首相の座に就くのは難しいと考えていたのだろう。

一九九三年、小沢は細川とともに自民党という一つの壁を破壊して政権交代を実現し、細川政権の内部に残った社会党というもう一つの壁も突き崩すことに成功した。

だが、自民党の生命力は小沢の予想も遥かに超えて強かった。一緒に滅びかけた社会党を自社さ政権で呑み込んで命をつなぎ、小沢の挑戦を何度も退けただけでなく、悪魔と呼んだ小沢までも呑み込んで連立政権を組み、権力を維持し続けた。そして二〇〇〇年からは、かつて激しく攻撃していた公明党・創価学会を自らの生命維持装置に組み入れて生きながらえている。

民主党の失敗の後、政権を取り戻した安倍は首相官邸に権力を集中し、官僚組織を力で押さえつけることで一強体制を築いた。そして野党勢力を分断し、公明党との選挙協力を徹底することで選挙に勝ち続け、長期政権を生み出した。皮肉なことに、自民党は小沢の予想に反して小選挙区制に適応し、むしろ五五年体制に匹敵するような強大な壁をつくることに成功した。その意味では、小沢の一九九三年の闘いが今日の政治状況を生む要因の一つになったとも言えるのである。

しかし、盤石の一強体制を築いたはずの安倍は二〇二二年夏、参院選の演説中に銃撃を受け、死亡した。民主主義の根幹を揺るがしかねない蛮行に、社会に衝撃と動揺が広がった。

その一方で、事件をきっかけに旧統一教会と自民党を巡る深い闇が次々に暴かれた。時を同じくして閣僚の失言やスキャンダルも相次ぎ、長期政権の弊害も露わになっている。それにもかかわらず、自公政権は変わることなく続いている。野党勢力はまるで遠心力が働いているかのように混迷し、政権への道筋も描けていない。

政権を代えればいいと言いたいのではない。だが長い間、政権交代がなかったことで政治から緊張感が失われ、閉塞感に繋がっているのではないだろうか。

私はあの日の小沢の言葉を思い出す。

「政権交代が当たり前の本当の民主主義を定着させる、それが俺の夢だ……」

まだ夢の途中とはいえ、小沢は八十歳を超えた。もちろん三十年前のような激しい闘いを期待することは難しい。だが、あの時の小沢が、政治の変革を求める時代のうねりに突き動かされたように、いまもまた、世界も日本も変化の波に洗われている。

小沢の役割があろうが、なかろうが、時代の転換点に差しかかった日本政治にダイナミズムを取り戻すため、誰かが巨大で頑丈な壁と闘うことになるのだろう。彼かあるいは彼女なのか、その政治家の新たな闘いはもう始まっているのかもしれない。

二〇二三年五月

参考文献

『小沢一郎・全人像』（小田甫、行研）
『日本改造計画』（小沢一郎、講談社）
『語る』（小沢一郎、構成・小林泰一郎、文藝春秋）
『小沢一郎の逆襲』（龍崎孝、サンドケー出版局）
『小沢一郎　闘いの50年』（構成・榊悟、岩手日報社）
『人間小沢佐重喜』（編集・『人間小沢佐重喜』編集委員会、小沢一郎後援会・陸山会）
『我かく闘えり』（山岸章、朝日新聞社）
『内訟録　細川護熙総理大臣日記』（細川護熙、日本経済新聞出版社）
『証言ドキュメント・永田町　権力の興亡　１９９３－２００９』
（ＮＨＫ「永田町　権力の興亡」取材班、ＮＨＫ出版）
『小さくともキラリと光る国　日本』（武村正義、光文社）
『私は闘う』（野中広務、文藝春秋）
『竹下派　死闘の七十日』（田崎史郎、文藝春秋）
『梶山静六　死に顔に笑みをたたえて』（田崎史郎、講談社）
『我、忸怩たる』（米沢隆、文芸社）
『平成政治史』（後藤謙次、岩波書店）

『聞き書　野中広務回顧録』（御厨貴・牧原出編集、岩波書店）
『聞き書　宮澤喜一回顧録』（御厨貴・中村隆英編集、岩波書店）
『聞き書　武村正義回顧録』（御厨貴・牧原出編集、岩波書店）
『自民党幹事長室の30年』（奥島貞雄、中央公論新社）
『証言　保守政権』（竹下登、読売新聞社）
『ＹＫＫ秘録』（山崎拓、講談社）
『平成政治20年史』（平野貞夫、幻冬舎）
『虚像に囚われた政治家　小沢一郎の真実』（平野貞夫、講談社）
『そうじゃのう…』（村山富市、第三書館）
『村山富市回顧録』（編集・薬師寺克行、岩波書店）
『平成史への証言』（田中秀征、朝日新聞出版）
『政治家田中角栄』（早坂茂三、中央公論新社）
『田中角栄　戦後日本の悲しき自画像』（早野透、中央公論新社）
『政治改革１８００日の真実』（編著・佐々木毅、講談社）
『現代日本政党史録６』（編者代表・北村公彦、第一法規）
『日本政治史講義』（御厨貴・牧原出、有斐閣）
『自民党政治の変容』（中北浩爾、ＮＨＫ出版）
『この政治空白の時代』（著者代表・内田健三、木鐸社）
『戦後政治史　第四版』（石川真澄・山口二郎、岩波書店）

『政治改革再考』（待鳥聡史、新潮社）
『新・国会事典』（浅野一郎・河野久編著、有斐閣）
『職業としての政治』（マックス・ヴェーバー、岩波書店）
「政治改革法案の成立過程」（成田憲彦、北大法学論集　46巻6号）
「特集　政界再編」（月刊Ａｓａｈｉ　93年4月号）
「わがザンゲ録」（梶山静六、月刊文藝春秋　94年1月号）
『日本の統治構造』（飯尾潤、中央公論新社）
『日本政治とメディア』（逢坂巌、中央公論新社）
『シーシュポスの神話』（カミュ、新潮社）
『官邸２６６８日　政策決定の舞台裏』（石原信雄、ＮＨＫ出版）

本書は『週刊ポスト』（小学館）二〇二二年五月十三日号～六月十七日号まで掲載した「壁を壊した男　1993年の小沢一郎」に大幅な加筆修正をしたものです。なお、文中の敬称は省略しています。

城本 勝（しろもと・まさる）

1957年熊本県生まれ。一橋大学卒業後、1982年にNHK入局。福岡放送局を経て東京転勤後は、報道局政治部記者として自民党・経世会、民主党などを担当した。2004年から政治担当の解説委員となり、『日曜討論』などの番組に出演。2018年退局後は、日本国際放送代表取締役社長などを経て2022年6月からフリージャーナリスト。

編集　瀧口優貴

壁を壊した男　1993年の小沢一郎

二〇二三年七月二十六日　初版第一刷発行

著　者　城本勝
発行者　三井直也
発行所　株式会社小学館
〒一〇一-八〇〇一　東京都千代田区一ツ橋二-三-一
編集　〇三-三二三〇-五七二〇　販売　〇三-五二八一-三五五五
DTP　株式会社昭和ブライト
印刷所　萩原印刷株式会社
製本所　株式会社若林製本工場

ISBN 978-4-09-389127-1